쉽게 빠르게 배우는 일상영어

쉽게 빠르게 배우는
생활영어

초판 인쇄 | 2014년 5월 15일
초판 발행 | 2014년 5월 20일
지은이 | 김은영
펴낸곳 | 좋은친구
펴낸이 | 조병훈
디자인 | 디자인 감7
등록번호 | 제2013-000026호
주소 | 서울시 강북구 인수봉로 41길 19-1
전화 | 02-923-6718   팩스 | 02-923-6719
E-mail | jobooks@hanmail.net

ISBN 979-11-951404-3-5   13740

값 10,000원

* 잘못된 책은 바꿔드립니다.

PLEASE

쉽게 빠르게 배우는
생활영어

김은영 지음

좋은친구

 머리말

　외국인과의 대화에서 나온 에피소드 중에 외국인이 한국말로 길을 묻는데 외국어로 어떻게 대답해야 할지 몰라 쩔쩔매는 경우가 있다. 그냥 한국말로 대답하면 되는데 외국인이니까 한국말로 묻는다는 사실조차 느끼지 못하고 자기가 외국어로 대답해야 한다는 사실에 미리 긴장하여 굳어버린 것이다.

　우스운 이야기지만 과연 이런 경우에서 자유로울 수 있는 사람이 몇이나 될까.

　어느 영어 선생님의 영어 교수법 중 한 가지는 중학교 1학년 교과서만 올바르게 알아도 영어를 잘 할 수 있다는 것이다.

　말이라는 것은 사람들과 서로 대화하고 자기의 생각을 들려주고 다른 사람의 생각을 들으면서 의사소통을 하는 하나의 수단이다.

　누구나 다 알다시피 영어란 영어권 국가(미국, 영국, 호주, 캐나다 등)가 사용하는 언어이다. 하지만 동시에 이미 세계 공용어란 말을 들을 정도로 많은 사람들이 이용하고 있는 언어이기도 하다. 더 이상 외국어로서만 생각할 수 없게 된 지 이미 오래이다. 진학과 취직에만 필요한 것이 아니라 질 높은 생활을 영위하기 위해 반드시 할 수 있어야 하는 필요조건이 되고 말았다. 하지만 우리나라 사람 대부분은 영어란 "어렵다"는 강박관념을 가지고 있는 것 역시 사실이다. 그 이유가 무엇일까? 흔히 꼽히고 있는 이유는 첫째, 어순이 다르다, 둘째, 우리와 다른 발음과 억양이 어렵다, 셋째, 문법이 생소하다 등일 것이다. 핑계야 여러 가지로 댈 수 있겠지만, 이미 많은 사람들이 공용어로 인정할 정도의 언어이다. 그렇게 어렵다면 이렇듯 많은 사람들이 사용할 수 없었을 것이다. 가장 중요한 이유는 하나, 익숙하지 않다는 이유로 피하면서 주요 학습 포인트를 놓치고 있기 때문이다. 어차피 언어 학습의 왕도는 자주 접하는 것이다. 자주 접하다 보면 그 규칙이 눈에 보이기 시작하고, 그와 동시에 응용이 가능해진다. 자, 이제 영어에 대한 두려움을 떨치고 영어란 어떤 놈인가 살펴보자. 많이 알면 알수록 두려움은 사라지고 더 알고 싶다는 욕심이 생길 것이다.

    여기에서는 영어란 어떤 녀석인가에 대해 간략히 설명할 것이다. 영어의 어순, 발음 등 그 규칙에 익숙해지고 나서 어휘와 회화로 넘어가자. 무조건 덤빌 때보다 영어가 훨씬 가깝게 느껴질 것이다.

김은영

영어는 어렵다는 오해

● 영어의 어순은 우리와 다르다

우리가 하는 말의 순서를 생각해 보자.
"나는 너를 좋아한다. 너는 착한 사람이다."
영어로 하면 어떻게 될까?
"I like you. You are a good person."이 될 것이다.
차이점을 알 수 있겠는가?
"나는 너를 좋아한다."라는 문장을 영어로 바꾸자 서술어와 목적어의 위치가 바뀌게 되는 것을 알 수 있을 것이다. 이것이 영어와 우리말의 가장 큰 차이이다. 영어를 어렵게 생각하지 말자. 뒷문장의 경우 "A는 B이다."라는 순서가 우리말이나 영어 모두 동일하다는 걸 알 수 있을 것이다.

● 영어는 생소한 발음과 억양이 있다

영어에는 우리로서는 생소한 발음들이 있다. 예를 들어 r과 l 발음, 그리고 b와 v발음의 경우 우리말로 표기하면 모두 동일하게 되어 버린다. 하지만 이 두 발음은 엄연히 다른 발음으로서 혼동되면 틀린 단어를 말하는 수가 생겨 버린다. 우리말을 발음할 때는 쉽게 생각되는 유성음과 무성음(성대를 울리느냐 안 울리느냐로 구분되는 자음 발음 구분) 구분도 영어에서는 훨씬 확실하게 해주어야 한다.

또 영어에는 우리보다 훨씬 많은 수의 모음이 있으며 이것은 우리에게 없는 발음이 있음을 의미한다. 영어에는 강약의 리듬이 있다.

물론 우리말에도 강약이 존재하나 영어에 비하면 그 존재감은 미미한 편이다.

영어의 강약(accent)은 주로 문장에 강조를 두고 싶은 부분에 주어진다. 회화에서 이 악센트는 큰 부분을 차지한다. 적절한 악센트를 구사하지 못하면 의사 표현 자체가 불가능해질 수 있으니 주의해야 한다. 악센트 외에 발음의 고저, 상승과 하강을 문장에 주는 억양(intonation)이 있다.

같은 문장이라도 억양에 따라 뜻이 완전히 반대가 될 수 있으니 역시 주의해야 하는 부분이다.

영어 회화에 있어 발음과 억양은 상당히 중요한 자리를 차지한다. 책만으로는 결코 배울 수 없는 부분이라 더 쉽지 않게 느껴지겠지만 이럴 때 필요한 것이 테이프 등의 청각 자료들이다. 시간을 투자해 꾸준히 들어 준다면 쉽게 해결할 수 있다. 무조건 듣자.

● 생소한 영어 문법

영어 문법을 무조건 배격하고 회화부터 배워야 한다는 이야기도 있지만, 문법이란 영어의 규칙이다. 규칙을 모르고 무조건

운동경기나 게임에 뛰어든 사람과 규칙을 알고 뛰어든 사람 중 누가 더 나은 성적을 올릴 것인가 하는 것은 그 결과가 불을 보듯 뻔하다.

   그렇지만 역시 영어 자체를 모르는 상태에서 영문법을 익히는 것은 쉽지 않다. 우선 영문법 책에 나오는 용어 자체가 너무 어렵기 때문이다. 품사니 시제니 동명사니 하는 한자로 된 용어도 쉽지 않고, 그 용어가 설명하는 내용도 우리에게는 없는 규칙들이 많다 보니 이해가 어렵다. 용어 자체는 중요하게 생각하지 말자.

   다만 영어라는 말이 갖는 규칙 자체만 이해하려고 해보자. 그 규칙을 이해하는 순간, 영어 자체에 대한 이해가 이루어질 수 있을 것이다.

차례

머리말 • *04*
영어는 어렵다는 오해 • *06*

Part 01 | 쉬운 문법 살펴보기

01 영어 문장의 구조 • *16*
　문장의 구성 • *16*
　수식어 • *17*
　문장의 종류 • *17*
　8품사 • *19*

02 발음 • *27*
　발음기호 • *27*
　주의해야 할 발음 • *28*

03 악센트 • *29*
　영어에는 강약의 리듬이 있다 • *29*
　제1악센트와 제2악센트 • *29*
　형용사+명사 • *30*
　명사+명사 • *30*
　음의 탈락 • *30*
　음의 동화 • *31*

Part 02 | 쉬운 표현 살펴보기 1

01 인사 • 34
　만남의 인사 • 34
　안부 인사에 대한 대답 • 36
　우연히 만났을 때의 인사 • 38
　오랜만에 만났을 때의 인사 • 39
　대화를 마칠 때의 인사 • 40
　헤어질 때의 인사 • 41
　명절 인사 • 44

02 문답 • 45
　말을 건넬 때 • 45
　물어볼 때 • 46
　질문의 말 • 47
　듣고 있는지 확인할 때 • 51
　잘못 들었을 때 • 52
　이해했는지 물을 때 • 54
　말을 잘할 수 없을 때 • 57
　동의할 때 • 58
　부정할 때 • 60
　의심할 때 • 62
　대답하지 않겠다고 할 때 • 63
　관심이 없다고 할 때 • 64

03 감정 • 65
　감정 • 65
　기쁘다 • 64
　슬프다 • 66

재미있다 재미없다 • 68
좋아하다 싫어하다 • 69
화가 나다 • 69
창피하다 • 74
무섭다 • 74
놀라다 • 75

04 **예절** • 77
감사 • 77
사과 • 79
축하 • 83
위로 • 88
칭찬 • 91

05 **사교** • 94
초대 • 94
초대에 대한 답 • 99
방문하고 싶을 때 • 100
방문 시 주의 사항 • 101
손님 마중 • 103
음료 권유 • 105
음식 권유 • 106
돌아갈 시간이 되었을 때 • 107
헤어질 때 • 109

06 **시간과 날짜** • 111
시간 • 111
요일 • 114
날짜 • 116

Part 03 | 쉬운 표현 살펴보기 2

01 **자기 소개** • *120*
02 **타인 소개** • *125*
03 **부탁** • *130*
04 **길 안내** • *134*
05 **쇼핑** • *138*
06 **단어 모음** • *140*

Part 04 | 부록_영어 속으로 한 걸음 더 가까이 다가가기

01 **생활 속에서 배우는 영어 상식** • *150*
    노다지를 탄생시킨 "No, Touch!" • *150*
    자동차로 미국을 가로질러 달린다면? • *151*
    비키니(Bikini)에 담긴 숨은 뜻 • *152*
    가장 가까우면서도 인정받지 못한 개 • *153*
    자동차와 관련된 콩글리쉬 • *154*
    나 급해. 넘버원(Number One) 보고 올게! • *155*
    1달러(dollar)가 얼마지? • *156*
    김치(Kimchi)와 불고기(Bulgogi) • *157*
    플라스틱 수술을 했냐구? • *158*
    고소공포증은 곳곳에 • *159*
    오늘은 네덜란드(Dutch)로 가자! • *160*

02 **영어 단어 속에 담겨 있는 숨겨진 뜻** • *161*
    A Gift of the Gods 재능 • *161*
    April fools'day 만우절 • *161*

Carrot and Stick 당근 줄까? 아니면 맞아볼래? • 162
Cocktail 칵테일 • 162
doggy bag 개봉지 • 163
Extra 엑스트라 • 164
hamburger & Hamburg 햄버거와 함부르크 • 164
Hot Potato 다루기 힘들고 귀찮은 사물, 일 • 165
Janus-faced 두 얼굴을 가진, 변덕스러운 • 165
Sour Grapes 억지부리기 • 166
Terminator 종결자, 끝을 내는 사람 • 167

03 bow-wow(의성어-의태어) • 168
04 영어와 우리말 • 169
05 혼성어와 줄임말 • 170
06 발음하기 어려운 표현 • 171
07 여행할 때 알아두면 편리한 영어 • 172
08 여행 준비하기 • 174
  여권 만들기 • 174
  여권을 만들기 위해 필요한 것들 • 174
  일반여권 종류와 비용 • 175

09 미국비자 정보 • 176
  일반인 • 176
  학생 • 182
  인터뷰 • 188

She has a lot of books. He bought lots of pencils. I gave her lots of paper. They need a lot of information about birds. He d many questions? Did he carry much baggage? She has a lot of books. He bought lots of pencils. I gave her lots of paper. days. He doesn't know many women. Do you have many questions? Did he carry much baggage? She has a lot of books. didn't give much homework. I didn't stay for many days. He doesn't know many women. Do you have many questions? Di birds. He didn't have much time. Your teacher didn't give much homework. I didn't stay for many days. He doesn't know m

Part 01

쉬운 문법 살펴보기

grammar

01 영어 문장의 구조
Structure

문장의 구성

(1) 주부와 술부

영어 문장은 대개 '~가 …이다', '~는 …한다' 의 형태로 이루어져 있다. 이때 동작이나 상태의 주체가 되는 부분을 '주부' 라 하고 주부의 상태나 동작을 설명하는 부분을 '술부' 라 한다. 주부의 중심이 되는 말이 주어(subject word)이고, 술부의 중심이 되는 말은 동사(verb)이다.

(2) 구성 요소

문장을 구성하는 기본 요소는 주어, 동사, 목적어, 보어 등이며 그 외에 이 기본 요소를 꾸미는 수식어가 있다.

주어 + 동사
Flowers bloom.
플라워즈 블룸
꽃이 핀다.

주어 + 동사 + 목적어
I saw a man.
아이 쏘우 어 맨(아이 쏘~어 맨)
나는 한 남자를 보았다.

주어 + 동사 + 주격 보어
Tom became an actor.
탐 비케임 언 액터
탐은 연기자가 되었다.

주어 + 동사 + 목적어 + 목적격 보어
He found his purse empty.
히 화운드 히즈 퍼스 엠프티
그는 자기 지갑이 텅 빈 것을 알았다.

○ 참고 : find(found) + 목적어 + 형용사 : ~가 …하다는 것을 알다(알았다).

수식어

An idle man never succeeds in anything.
언 아이들 맨 네버 석시즈 인 애니띵
게으른 사람은 어떤 일에도 결코 성공하지 못했다.

이 중 'an'과 'idle'은 명사인 'man'을 꾸미고 있으므로 명사와 대명사를 수식하는 형용사적 수식어이다.
'never'와 'in anything'은 동사 'succeeds'를 꾸미므로 동사, 형용사, 다른 부사 또는 문장 전체를 수식하는 부사적 수식어이다.

문장의 종류

(1) 평서문

사실을 그대로 설명하는 문장으로 긍정문과 부정문이 있다. '주어+동사…'의 순서로 이루어지며, 말끝은 내린다.

He is a hard worker.
히 이즈 어 하드 워커
그는 열심히 일하는 사람이다.

He is not a hard worker.
히 이즈 낫 어 하드 워커
그는 열심히 일하는 사람이 아니다.

(2) 의문문

의문을 물어보는 문장이다.

　'be동사+주어~?' 또는 '조동사+주어+일반동사~?'의 어순을 나타내며 문장 끝에 물음표를 붙인다.

일반의문문
Are you busy now?
아유 비지 나우
지금 바쁘니?

Don't you write this letter?
돈츄 롸이트 디스 레터
이 편지를 네가 쓰지 않았니?

wh - 의문문
Who is that boy?
후 이즈 뎃 보이
그 소년은 누구냐?

(3) 명령문

명령, 의뢰, 요구, 충고, 금지 등을 나타내는 문장이다.

　보통 주어가 생략되고 동사 원형으로 시작하여 마침표나 감탄 부호로 마무리한다.

Speak more slowly.
스피크 모어 슬로우리
좀더 천천히 말하시오.

Let him wait for a minute.
렛 힘 웨이트 포 어 미니트
그를 잠깐 기다리게 하시오.

(4) 감탄문
놀람, 기쁨, 슬픔, 희망 등의 강한 감정을 나타내는 문장이다.

What 또는 How로 시작되어 끝에 감탄부호(!)가 붙는다.
주어와 동사는 때때로 생략된다.

What a pretty doll this is!
왓 어 프리티 달 디스 이즈
이것은 얼마나 예쁜 인형인가!

How pretty this doll is!
하우 프리티 디스 달 이즈
이 인형은 얼마나 예쁜가!

8품사

어린 시절 배웠던 영어 문법을 떠올려 보자. 영어에는 8품사가 존재한다는 이야기를 들어 보았을 것이다. 영어는 이 8품사로 모든 문장이 이루어진다. 8품사의 이름은 다음과 같다.

명사 (noun)
대명사 (pronoun)
동사 (verb)
형용사 (adjective)
부사 (adverb)
전치사 (preposition)
접속사 (conjunction)
감탄사 (interjection)

각각의 이름과 기능이 잘 매치되어 떠오를 수도 있고 잘 기억나지 않을 수도 있을 것이다. 앞에서 말했듯 용어는 중요한 문제가 아니다. 다만 영어 문장이 어떤 식으로 구성되며 어떤 규칙을 따르는가 옛 기억을 되살리든가 혹은 새로

배우는 마음으로 읽어 보자. 본격적인 회화 공부에 앞서 한번 읽어 보는 것만으로도 크게 도움이 될 수 있을 것이다.

(1) 명사
명사란 말 그대로 사물의 이름을 나타내는 말이다.

우리말로 치자면 "꽃, 나무, 영숙이, 우정…" 등 주어나 목적어에 올 수 있는 말을 뜻한다. 그런데 영어에서는 이 명사를 '셀 수 있는 명사'와 '셀 수 없는 명사' 두 가지로 나누고 있다. 이 두 가지 개념을 나누는 것은 문장 구성에 있어 중요한데, 그것은 영어 문장에서 관사가 차지하는 위치를 생각해 보면 쉽게 이해할 수 있을 것이다. 보통명사와 집합명사는 셀 수 있는 명사로 관사인 a, an, the를 붙일 수 있는 명사가 이에 해당된다. 고유명사, 물질명사, 추상명사는 셀 수 없는 명사인데, 고유명사는 사람 이름, 지명 등 특정한 대상을 지칭하여 유일한 것을 나타내므로 셀 수 없는 것이 당연한 명사이고, 추상명사는 보이는 것이 아니므로 역시 셀 수 없다.

(2) 대명사
말 그대로 명사를 대신하는 역할을 하는 것이 대명사이다.

사람, 사물, 막연한 대상 또는 의문의 대상을 대신하는 역할을 한다. 대명사의 종류는 다섯 가지로 다음과 같다.

1. 인칭대명사

사람을 나타내는 대명사로 단수와 복수를 구별하여 쓰인다. 나, 너, 우리, 그, 그녀 등의 뜻을 가진다. 인칭과 격을 나누므로 그 구분을 잘하는 것이 중요하다. 다음 표를 참조하면 정리가 빠를 것이다.

인칭대명사		단수				
		주격	소유격	목적격	소유대명사	재귀대명사
1인칭	(남,여)	I	my	me	mine	myself
2인칭	(남,여)	you	your	you	yours	yourself
3인칭	(여)	she	her	her	hers	herself
	(남)	he	his	him	his	himself
	(중성)	it	its	it	없음	itself

인칭대명사		복수				
		주격	소유격	목적격	소유대명사	재귀대명사
1인칭	(남,여)	we	our	us	ours	ourselves
2인칭	(남,여)	you	your	you	yours	yourselves
3인칭		they	their	them	theirs (3인칭 중성 대명사에는 없음)	themselves

2. 지시대명사

사물을 나타내며 단수와 복수를 구별하여 쓰인다.
이것, 저것, 그것이라는 말이다.

this, these, that, those, it

3. 의문대명사

의문문에 쓰는 대명사이다. 단수와 복수의 구별은 없다.
누구, 어디, 무엇이라는 말이다.

who, where, what

4. 부정대명사

막연한 사람이나 사물을 가리키는 대명사이다.
어떤, 다른, 모든 등의 말이다.

one, other, another, some, any, every, all, each

5. 관계대명사

접속사 역할까지 하는 대명사이다.

who, which, that, what

(3) 동사
움직임, 즉 행동을 나타내는 말이다.

　영어의 동사에서 가장 주의해야 할 점은 현재 – 과거 – 미래가 완료, 진행 등으로 나뉘어 표현되는 시제이다.

　특히 과거, 과거분사로 변화하는 동사의 형태는 규칙적으로 –ed가 붙어 변화하는 것과 불규칙적으로 변화하는 것이 있으니 그때그때 문장에 따라 착실히 익히는 것이 관건이다. 규칙적이라 해도 몇 가지 변형이 있는데, 가령 e로 끝나는 동사의 과거형 변화를 위해서는 d만 붙고, 자음+y로 끝나는 동사는 y가 i로 바뀐 후 ed가 붙는 것 등이 있다. 그 몇 가지 예를 살피면 다음과 같다.

　e로 끝나는 동사의 과거형
　like　like+d=liked

　자음+y로 끝나는 동사의 과거형
　study　stud+i+ed=studied

　단모음+단자음으로 끝나는 동사의 과거형
　stop　stop+p(끝자 반복)+ed=stopped

불규칙 동사의 몇 가지 예는 다음과 같다.

　현재 – 과거 – 과거분사
　begin - began - begun
　go - went - gone
　speak - spoke - spoken
　am - was - been
　are - were - been

영어에는 본동사와 조동사라는 개념이 있다.

　동사와 함께 쓰이면서 동사를 돕는 동사를 조동사라 하는데, 본동사만으로는 나타낼 수 없는 필연, 의무, 가능 등의 의미를 나타내거나 본동사와 결합하여 시제, 의문, 부정 등을 표현한다. 영어의 동사는 주어에게 큰 영향을 받는다. 주어의 명사가 단수냐 복수냐, 1인칭, 2인칭, 3인칭이냐에 따라 변화한다.

He **can** swim well.
히 캔 스윔 웰
그는 수영을 매우 잘한다.

He **must** be a teacher.
히 머스트 비 어 티쳐
그는 선생님임에 틀림없다.

(4) 형용사

사람이나 사물의 성질이나 상태를 나타내는 말로 보어로 쓰이거나 명사, 대명사를 꾸미는 역할을 한다.

직접 명사를 앞뒤에서 수식하여 꾸민다(한정용법).
This is a **beautiful** flower.
디스 이즈 어 뷰티플 플라워
이것은 한 송이의 아름다운 꽃이다.

목적어의 동작이나 상태를 설명한다(서술용법).
The situation seems **hopeless**.
더 시츄에이션 심즈 호프리스
상황이 절망적으로 보인다.

the + 형용사 = 복수 명사
the young = young people
the old = old people

형용사는 그 정도를 비교할 수 있다.
형용사 어미에 ~er을 붙이면 '더 …한', ~est를 붙이면 '가장…한'의 뜻을 갖게 된다.
long - longer - longest

불규칙하게 변하기도 한다.
good(well) - better - best
many(much) - more - most
bad(ill) - worse - worst
little - less - least

(5) 부사

주로 동사, 형용사, 다른 부사를 꾸미지만 때때로 문장 전체를 꾸미는 경우도 있다.

단순부사
now, early, very soon

의문부사
when, where, how, why

대개의 부사는 형용사 + ly의 형태를 취하고 있다.
slow + ly = slowly

형용사와 부사의 형태가 같은 경우도 있으므로 주의해야 한다. 또 부사에 다시 ~ly가 붙어 다른 뜻의 부사를 만들어내기도 한다.

hard　　(형)어려운, (부)열심히
hardly　거의…않다

It is a hard work.
잇 이즈 어 하드 워크
그것은 어려운 일이다.

He works hard.
히 웍스 하드
그는 열심히 일한다.

I can hardly understand him.
아이 캔 하들리 언더스텐드 힘
나는 그를 거의 이해할 수 없다.

(6) 전치사

명사, 대명사, 명사구 등의 앞에 와서 이들 단어와 앞에 나오는 단어를 연결시키는 역할을 한다.

The building on the hill is our school.
더 빌딩 온 더 힐 이즈 아워 스쿨
언덕 위의 그 건물이 우리 학교이다.

We sent for the doctor.
위 센트 포 더 닥터
우리는 의사를 부르러 보냈다.

(7) 접속사

단어와 단어, 구와 구, 절과 절을 연결해 주는 말이다.

■ 시간의 전치사

at	짧은 시간(몇 시, 몇 분, 새벽, 정오, 밤 등) at seven(7시에)
in	at보다 비교적 긴 시간(오전, 오후, 월, 계절, 년, 세기) in the morning (아침에) in May(5월에)
on	일정한 날짜나 요일, 특정한 날의 아침(오전, 오후 등) on the morning of May 16, 2005(2005년 5월 16일 오전에) on Christmas Eve on Sunday(일요일 크리스마스 이브에)
for	…동안에, 흔히 다음에 수사+명사가 온다. for the three hours (세 시간 동안에)
during	…동안에. 특정 기간을 가리키는 the+명사가 온다. during the war (전쟁 동안에)
through	…동안 내내. 어느 기간 처음부터 끝까지 through the summer vacation (여름 휴가 내내)

■ 장소, 운동, 방향을 나타내는 전치사

on	…위에 (표면 접촉)
beneath	…아래에 (표면 접촉)
over	(바로) 위에
under	(바로) 아래에
up	위로 (운동)
down	아래로 (운동)
above	(막연히) 위쪽에
below	(막연히) 아래쪽에

1. 문법상 대등 관계로 이어지는 등위 접속사
   and, but, for, or 등

The boy **and** the girl are good friends.
더 보이 앤드 더 걸 아 굿 프랜즈
그 소년과 그 소녀는 좋은 친구다.

2. 종속절을 이끌어 주절에 이어지는 종속접속사
   if, when, that, whether 등

I believe **that** he studied hard.
아이 빌리브 댓 히 스터디드 하드
나는 그가 열심히 공부했으리라 믿는다.

(8) 감탄사

강한 감정이나 느낌을 표현하는 특별한 단어이다.

흥분, 행복, 공포, 충격, 슬픔, 고통, 화, 실망 같은 감정을 나타낸다. 주로 문장 앞부분에 쓰여 문장 전체를 강조하는 역할을 한다. 딱 한 단어가 아니더라도 감탄을 나타내면 감탄사로 분류된다.

Aha!	아하!	My goodness!	맙소사!
Oh!	오!	Oops!	아이쿠!
Wow!	와!	Ouch!	아야!
Wonderful!	멋지다!	Well,	음…

발음
Pronunclation

발음 기호

영어의 발음을 익히기 전에 발음 기호의 규칙에 대해 몇 가지 간단히 짚고 넘어가고자 한다. 물론 영어 발음을 익히는 최대의 왕도는 제대로 된 발음을 듣고 따라하는 것이다. 하지만 실상 귀로 듣는 것만으로는 그 미묘한 차이를 잡아낼 수 없는 경우도 많기 때문에, 발음 기호 표기를 보조적 역할로 사용하지 않을 수 없다.

① 발음 기호는 [:] 안에 넣는다.
② [:]는 장음 기호로 그 앞의 모음을 길게 발음한다.
③ 악센트 표시는 발음 기호에 한다.
   beautiful [bjúːtəfəl]
   위 발음 표시 중 [ú]가 가장 강하게 발음되는 부분이다.
   악센트는 모음에만 표시된다.
④ 발음과 철자는 반드시 일치하지는 않는다.
   round[au] cousin[ʌ] bought[ɔː] soup[úː]

주의해야 할 발음

① [a]와 [ou]
   clock[klak] : 시계   cloak[klóuk] : 망토
   want[want] : 원하다   won't[wount] : 원하지 않았다(=will not)

② [ɔː]와 [ou]
   ball[bɔ́ːl] : 공   bowl[bóul] : 볼(움푹한 그릇)
   call[kɔ́ːl] : 말을 걸다   coal[kóul] : 석탄

③ [u]와 [uː]
   full[fúl] : 가득 찬   fool[fúːl] : 바보
   pull[púl] : 잡아당기다   pool[púːl] : 웅덩이, 연못

④ [l]과 [r]
   lace[léis] : 끈, 레이스 race[réis] : 경주
   light[làit] : 빛   right[ràit] : 옳은

   ◎ 참고:c+모음 e, i, y를 만나면 연음(s)의 소리를 낸다.

⑤ [θ]와 [s]
   think[θíŋk] : 생각하다   sink[síŋk] : 가라앉다
   faith[féiθ] : 신뢰   face[féis] : 얼굴

⑥ [b]와 [v]
   berry[béri] : 딸기류의 열매 very[véri] : 매우
   best[bést] : 가장 좋은   vest[vést] : 조끼

악센트
Accent

영어에는 강약의 리듬이 있다.

한 단어, 어구, 문장에는 각각의 악센트, 즉 강세를 두는 곳이 있으므로 자연스럽게 리듬이 생기는 것이다. 이 리듬을 타지 못하면 영어를 말하더라도 자연스럽지 못하게 된다. 꾸준히 테이프 등으로 바른 발음을 들으며 따라 말하면서 연습해서 몸에 익히도록 하자. 여기에서는 간단히 악센트의 규칙에 대해 설명하겠다. 규칙을 머리에 넣어 두고 연습하면 크게 도움이 된다.

제1악센트와 제2악센트

가장 강한 악센트와 그 다음의 악센트가 있다.
보통 한 단어의 발음 기호에서 이를 표시해 준다.
그 표시 부호는 다음과 같다.

[´] 제1악센트 [`] 제2악센트
understand[ʌ̀ndərstǽnd] : 이해하다
blackboard[blǽkbɔ̀:rd] : 칠판

형용사 + 명사

명사를 약간 강하게 발음한다.
단 특별히 뜻을 강조하고 싶을 경우에는 형용사도 강하게 한다.

I saw a large bird.
아이 쏘 어 라지 버드
나는 큰 새를 보았다.

I saw a large white bird.
아이 쏘 어 라지 화이트 버드
나는 큰 하얀 새를 보았다.

형용사는 약하게 발음하는 것이 아니라 명사 다음으로 약간만 약한 정도로 발음한다.

명사 + 명사

nótebòok이나 básebàll 등의 단어는 두 명사가 하나로 된 것이다.
이와 같은 단어의 악센트는 앞쪽에 제1강세가 뒤쪽은 제2강세가 오는 것이 일반적이다. 꼭 연결된 단어가 아니라 할지라도 stóry bòok(이야기책)이나 whít hòuse(백악관) 같은 단어의 경우도 마찬가지이다.

음의 탈락

강세가 있으면 약세가 있다.
이로 인해 영어는 리듬을 타는 것처럼 들리게 되는데, 이 약세 부분을 발음할 때 음의 일부가 탈락하여 들리지 않는 경우가 있다. 대표적인 것이 문장 중의 'he'나 'her' 발음이다.

I used to go to school with her.
아이 유스투 고우 투 스쿨 위드허
나는 그녀와 학교에 가곤 했다.

I have finished the work.
아이브 피니시드 더 워크
나는 그 일을 끝마쳤다.

위 문장에서는 각각 'her'과 'have'의 [h]가 들리지 않게 된다.

음의 동화

단어가 이어서 발음되는 경우에 두 개의 발음이 합쳐져 다른 발음이 되는 것을 음의 동화라고 한다.

Won't you sit down?
원츄 싯 다운?
앉지 않을래요.
[t] 발음과 [j] 발음이 한데 합쳐져 [tʃ]로 들리게 된다.

what did you say?
왓 디쥬 세이?
뭐라고 하셨지요?
[d]와 [j] 발음이 합쳐져 [dʒ]로 발음된다.

She has a lot of books. He bought lots of pencils. I gave her lots of paper. They need a lot of information about birds. He d
many questions? Did he carry much baggage? She has a lot of books. He bought lots of pencils. I gave her lots of paper.
days. He doesn't know many women. Do you have many questions? Did he carry much baggage?She has a lot of books.
didn't give much homework. I didn't stay for many days. He doesn't know many women. Do you have many questions? Did
birds. He didn't have much time. Your teacher didn't give much homework. I didn't stay for many days. He doesn't know m

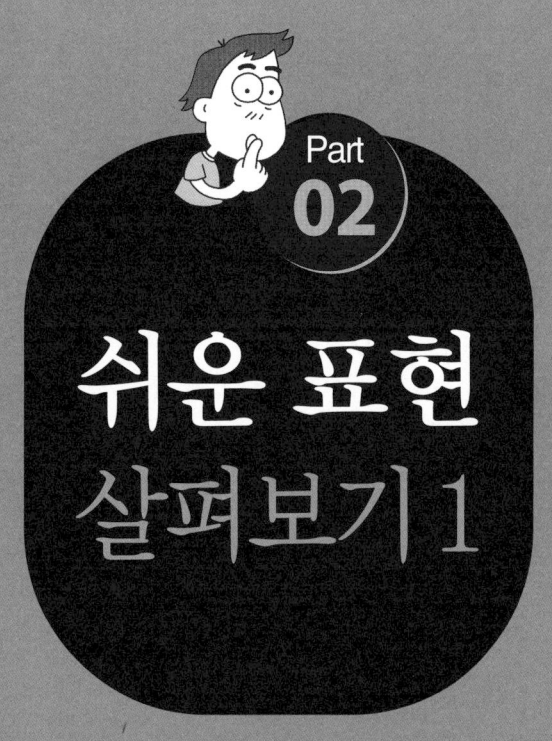

Expression

인사
Greeting

만남의 인사

- 안녕하세요

  Nice to meet you.
  나이스 투 밋츄
  만나서 반갑습니다.

  Glad to meet you.
  글랫 투 밋츄
  만나서 반갑습니다.

  Happy to meet you.
  해피 투 밋츄
  만나서 반갑습니다.

  How do yo do?
  하우 두유 두?
  처음 뵙겠습니다.

  Hi.
  하이
  안녕!

Hello.
핼로우
안녕하세요.

How are you?
하우 아 유?
안녕하세요?

How are you doing?
하우 아 유 두잉?
어떻게 지내세요?

How is it going?
하우 이즈 잇 고잉?
어떻게 지내세요?

How is everything?
하우 이즈 에브리팅?
어떠십니까?

- 무슨 일 있나요?

What's going on?
왓츠 고잉 온?
무슨 일 있습니까?

What's wrong?
왓츠 롱?
안 좋은 일이 있습니까?

What's the matter?
왓츠 더 매러?
문제가 있습니까?

What's the matter with you?
왓츠 더 매러 위드 유?
무슨 일 있는 겁니까?

What's up?
왓츠 업?
무슨 일 있어?

안부 인사에 대한 대답

- 좋아요

    Fine, thank you.
    화인 땡큐
    좋아요, 감사합니다.

    Fantástic.
    홴태스틱
    아주 좋아요.

    Pretty good.
    프리티 굿
    아주 좋아요.

    Very well.
    베리 웰
    아주 좋습니다.

    I'm quite well.
    아임 콰이트 웰
    아주 잘 지냅니다.

    Couldn't be any better.
    쿠든 비 애니 베러
    이 이상 좋을 수가 없습니다.

- 늘 같아요.

    Same as usual.
    새임 애즈 유절
    변함없습니다.

- 그저 그래요.

    So-so.
    쏘우쏘우
    그저 그렇습니다.

Not much.
낫 머취
그저 그렇습니다.

I've been getting by.
아이브 빈 겟팅 바이
그럭저럭 해나가고 있습니다.

Not bad.
낫 배드
그저 그래.

Not so well.
낫 쏘우 웰
그저 그래.

Not too bad.
낫 투 베드
그저 그래.

- 바빠요.

Busy as usual.
비지 애즈 유절
늘 바쁩니다.

I don't have time to breathe.
아이 돈 해브 타임 투 브리드
숨쉴 틈도 없습니다.

- 좋지 않아요.

Not good.
낫 굿
좋지 않습니다.

Not so good.
낫 쏘우 굿
그다지 좋지 않습니다.

Terrible.
테러블
끔찍해요.

Very bad.
베리 배드
아주 좋지 않아요.

I'm not doing well.
아임 낫 두잉 웰
잘해 가고 있지 못합니다.

Couldn't be worse.
쿠든 비 워~스
이 이상 나쁠 수가 없어요.

우연히 만났을 때의 인사

- 여기서 만나다니 놀랐어요.

   What a surprise!
   왓 어 서프라이즈
   너무 놀랐습니다!

   Never thought I'd see you here.
   네버 쏟 아이드 씨 유 히어
   여기서 만날 거라고는 생각도 못했습니다.

   I never expected to meet you here.
   아이 네버 익스팩티드 투 밋츄 히어
   여기는 무슨 일이십니까?

- 여긴 무슨 일이에요?

   What are you doing here?
   와라유 두잉 히어?
   여긴 무슨 일이에요?

   What bring you here?
   왓 브링 유 히어?
   여긴 무슨 일이에요?

오랜만에 만났을 때의 인사

- 오랜만이에요.

    Long time no see.
    롱 타임 노우 씨
    오랜만이에요.

    It's been quite a while.
    잇츠 빈 콰이트 어 와일
    오랜만이에요.

    I haven't seen you for a long time.
    아이 해븐 씬 유 포 어 롱 타임
    오랫동안 못 만났군요.

    It must be ten years since we last met.
    잇 머스트 비 텐 이어즈 씬스 위 라스트 멧
    지난 번에 만나고 10년이 되는군요.

- 어떻게 지냈어요?

    How have you been?
    하우 해브 유 빈?
    어떻게 지내셨습니까?

    How are you getting along?
    하와 유 게팅 어롱?
    어떻게 지내고 있어?

    How have you been doing these days?
    하우 해브 유 빈 두잉 디즈 데이즈?
    요즘 어떻게 지내고 계십니까?

    What have you been doing?
    왓 해브 유 빈 두잉?
    뭐하고 지냈어요?

    Where have you been?
    웨어 해브 유 빈?
    어디 갔었어요?

대화를 마칠 때의 인사

- 만나서 반가웠어요.

    It was nice meeting you.
    잇 워즈 나이스 미팅 유
    만나서 반가웠어.

    It's so good to see you again.
    잇 쏘우 굿 투 씨 유 어게인
    다시 만나서 정말 반가웠습니다.

    It was nice talking with you.
    잇 워즈 나이스 토킹 위쥬
    당신과 얘기하게 되어 즐거웠습니다.

    Good running into you.
    굿 러닝 인튜
    우연히 만나서 반가웠습니다.

    I have enjoyed this evening.
    아이 해브 인죠이드 디스 이브닝
    즐거운 저녁이었습니다.

- 다시 만나요.

    Could I see you again?
    쿠드 아이 씨유 어게인
    다시 만날 수 있을까요?

    Let's meet again sometime.
    렛츠 밋 어게인 썸타임
    언제 다시 만납시다.

    Let's get together soon.
    렛츠 겟 투게더 쑨
    조만간 만납시다.

    I hope I'll see you again soon.
    아이 호프 아일 씨유 어게인 쑨
    조만간 다시 뵙고 싶습니다.

Please come and see me once in a while.
플리즈 컴 앤 씨 미 원스 인어 와일
가끔 놀러 오세요.

- 가야만 해요.

    I have to leave now.
    아이 해브 투 리브 나우
    이제 그만 가야겠습니다.

    We'd better say goodbye.
    위드 베러 세이 굿바이
    작별인사를 해야겠습니다.

    Sorry, but I have to go now.
    쏘리 벗 아이 해브 투 고우 나우
    미안, 그렇지만 가야해요.

헤어질 때의 인사

- 안녕히 가세요.

    Bye.
    바이
    안녕.

    Good-bye.
    굿 바이
    안녕히 가십시오.

- 나중에 봐요.

    See you.
    씨 유
    또 봅시다.

    See you later.
    씨 유 레이러
    나중에 또 봐요.

See you around.
씨 유 어라운드
조만간 봐요.

See you tomorrow.
씨 유 터머로우
내일 봅시다.

● 좋은 하루 되세요.

Have a nice day.
해브 어 나이스 데이
좋은 하루 되십시오.

Have a nice weekend.
헤브 어 나이스 위크엔드
좋은 주말 보내.

Good luck.
굿 럭
행운을 빕니다.

● 조심해서 가세요.

Take care.
테잇케어
조심해서 가십시오.

Drive carefully.
드라이브 케어플리
운전 조심하십시오.

Don't work too hard.
던 워크투 하드
너무 무리하지 마.

● 안부 전해 주세요.

Please say hello to your brother for me.
플리즈 쌔이 핼로우 투 유어 브라더 포미
제 대신 당신 오빠에게 인사 전해 주십시오.

Please remember me to your family.
플리즈 리멤버 미 투 유어 패밀리
가족 여러분께 안부 전해 주십시오.

Please give my regards to your wife.
플리즈 기브 마이 리가즈 투 유어 와이프
당신 아내에게 안부 전해 주십시오.

● 연락 주세요.

Call me anytime.
콜 미 애니타임
언제라도 전화 주십시오.

Don't forget to call.
돈 포겟 투 콜
잊지 말고 전화하세요.

Keep in touch.
킵 인 터치
연락하십시오.

I'll be in touch.
아일 비 인 터치
연락드리겠습니다.

● 안녕히 주무세요.

Good night.
굿 나잇
안녕히 주무세요.

Sweet dreams!
스윗 드림즈
좋은 꿈 꾸세요.

명절 인사

- 즐거운 명절 보내세요.

    ### Merry Christmas!
    메리 크리스마스
    메리 크리스마스!

    ### Happy New Year!
    해피 뉴 이어
    새해 복 많이 받으세요!

    ### Happy Valentine's Day!
    해피 발렌타인즈데이
    행복한 발렌타인 데이를!

    ### Happy Easter!
    해피 이스터
    행복한 부활절 되세요!

    ### Happy Halloween!
    해피 할로윈
    즐거운 할로윈 보내세요!

    ### Happy Thanksgiving!
    해피 땡스기빙
    행복한 추수감사절이시길!

- 당신도요!

    ### You, too.
    유 투
    당신도요.

    ### Same to you!
    쎄임 투유
    당신도!

02 문답
Questions & Answers

말을 건널 때

● 실례해요.

Excuse me.
익스큐즈 미
죄송합니다.

Pardon me.
파든 미
실례합니다.

● 잠시만요.

Miss!
미스
아가씨, 잠시만요!

Madame!
마담
부인, 잠시만요.

Sir!
써
저, 잠시만요(성인 남자를 부를 때).

Look here.
룩 히어
좀 보세요.

Listen here.
리슨 히어
들어 보세요.

- 이야기 좀 할래요?

Can we talk?
캔 위 토크?
이야기 좀 할 수 있을까요?

Can I talk to you?
캔 아이 톡 투 유?
이야기 좀 해도 되겠습니까?

Let's talk.
렛츠 토크
이야기 좀 합시다.

물어 볼 때

- 물어볼 게 있어요.

I have a question for you.
아이 해버 퀘스천 포 유
당신에게 질문이 있습니다.

May I ask you a question?
매이 아이 애스큐어 퀘스천?
질문 하나 해도 될까요?

May I ask you a personal question?
매이 아이 애스큐어 퍼스널 퀘스천?
사적인 질문 하나 해도 됩니까?

- 뭘 알고 싶으세요?

  What do you want to know?
  왓 두 유 원 투 노우
  무엇을 알고 싶으십니까?

  Do you have any questions?
  두 유 해브 애니 퀘스쳔스?
  질문 있습니까?

질문의 말

- 누구예요?

  Who?
  후?
  누구입니까?

  Who is he?
  후 이즈 히?
  그는 누구입니까?

  Who did it?
  후 디드 잇?
  누가 했습니까?

  Whose is this?
  후즈 이즈 디스?
  이것은 누구 것입니까?

  To whom?
  투 훔?
  누구한테?

  With whom?
  위드 훔?
  누구와?(누구랑?)

Who are you going with?
후 아 유 고잉 위드?
누구와 갑니까?

● 어디에요?

Where?
웨어?
어디입니까?

Where are you going?
웨어라 유 고잉?
어디로 갑니까?

● 언제요?

When?
웬?
언제입니까?

From when?
프럼 웬?
언제부터입니까?

Until when?
언틸 웬?
언제까지입니까?

When shall we go?
웬 셀 위 고우?
언제 갈까요?

● 왜요?

Why?
와이?
어째서입니까?

Why not?
와이 낫?
왜 안됩니까?

Why so?
와이 쏘우?
왜 그렇습니까?

Why me?
와이 미?
왜 저입니까?

- 어느 것이에요?

Which one?
위치 원?
어느 것입니까?

Which one do you want?
위치 원 두 유 원트?
어느 것을 원합니까?

- 어떻게요?

How?
하우?
어떤 방법으로요?

How was it?
하우 워즈 잇?
어땠습니까?

How many?
하우 매니?
몇 개입니까?

How much is it?
하우 머치 이짓?
얼마입니까?

How long does it take?
하우 롱 더짓 테이크?
시간이 얼마나 걸립니까?

How far?
하우 파?
얼마나 멉니까?

How about you?
하우 어바우츄?
당신은 어떠십니까?

How old are you?
하우 올드 아 유?
몇 살입니까?

- 무엇이에요?

What?
왓?
무엇입니까?/왜 그러십니까?

What's this?
왓츠 디스?
이것은 무엇입니까?

What are you doing?
와라유 두잉?
무엇을 하고 있습니까?

What happened?
왓 해픈드?
무슨 일 있습니까?

What are you planning?
와라유 플래닝?
무슨 계획을 가지고 있니?

듣고 있는지 확인할 때

● 듣고 있어요?

Are you listening to me?
아 유 리스닝 투 미?
들리세요?

Do you hear me?
두 유 히어 미?
듣고 있어요?

Are you paying attention?
아 유 페잉 어텐션?
주의해서 듣고 있어요?

Do I have your ear?
두 아이 해브 유어 이어?
듣고 있어요?

Do I have your attention?
두 아이 해브 유어 어텐션?
듣고 있어요?

● 듣고 있어요

I hear you.
아이 히어 유
듣고 있어요.

I'm listening to you.
아임 리스닝 투 유
듣고 있습니다.

I'm all ears.
아임 올 이어즈
열심히 듣고 있습니다.

I know what you are saying.
아이 노우 왓 유 아 쌔잉
무슨 말씀인지 압니다.

잘못 들었을 때

- 뭐라고요?

    ### Sorry?
    쏘리?
    뭐라고요?

    ### Excuse me?
    익스큐즈 미?
    뭐라고 하셨습니까?

    ### Pardon?
    파든?
    뭐라고 하셨죠?

    ### Pardon me?
    파든 미?
    뭐라고 하셨습니까?

    ### I beg your pardon?
    아이 벡 유어 파든?
    뭐라고 하셨습니까?

- 죄송해요. 못 들었어요.

    ### I'm sorry. I missed that.
    아임 쏘리. 아이 미스트 댓.
    미안합니다. 제대로 못들었습니다.

    ### I can't catch your words.
    아이 캔트 캣치 유어 워즈.
    말을 못 들었습니다.

- 다시 한 번 말씀해 주세요.

    ### Say it again, please.
    쌔이 잇 어게인, 플리즈.
    다시 말씀해 주십시오.

Please repeat it.
플리즈 리피딧
다시 한 번 말씀해 주시지 않겠습니까?

Could you please repeat what you said?
쿠쥬 플리즈 리피트 왓 유 쌔드?
뭐라고 하셨는지 다시 말씀해 주시지 않겠습니까?

Could you explain one more time?
쿠쥬 익스플레인 원 모어 타임?
다시 한 번 설명해 주시겠습니까?

Could you say that again in simpler language?
쿠쥬 쎄이 댓 어게인 인 심플러 랭귀지?
그것을 좀더 쉬운 말로 해주시겠습니까?

Be more specific, please.
비 모어 스페시픽, 플리즈.
좀더 구체적으로 말씀해 주십시오.

- 무슨 의미예요?

What does it mean?
왓 더짓 민?
그건 무슨 의미입니까?

What do you mean?
왓 두 유 민?
무슨 의미입니까?

What did you say?
왓 디쥬 쌔이?
뭐라고 말씀하셨습니까?

What are you getting at?
와라유 게팅 앳?
무슨 말씀을 하고 싶으신 겁니까?

What's the point?
왓츠 더 포인트?
요점이 뭡니까?

I don't understand what you are saying.
아이 돈 언더스텐드 왓 유 아 쌔잉.
무슨 말씀인지 모르겠습니다.

● 크게 말씀해 주세요.

Please speak louder.
플리즈 스픽 라우더.
좀더 큰 소리로 부탁합니다.

Please speak more slowly.
플리즈 스픽 모어 슬로우리
좀더 천천히 말해 주십시오.

Please speak more clearly.
플리즈 스픽 모어 클리어리
좀더 분명히 말해 주십시오.

● 종이에 써 주시겠어요?

Could you write it down, please?
쿠쥬 롸이딧 다운, 플리즈
종이에 써 주시겠습니까?

Please write it out.
플리즈 롸이딧 아웃
써 주십시오.

이해했는지 물을 때

● 이해하셨나요?

Got it?
가딧 잇?
알겠습니까?

Do you understand?
두 유 언더스텐?
이해하셨습니까?

Are you following me?
아 유 팔로잉 미
제 말을 이해하셨습니까?

Are you with me?
아 유 위드 미
제 말 뜻을 아시겠습니까?

Know what I mean?
노우 왓 아이 민
말하려는 바를 아시겠습니까?

- 이해했어요.

I know.
아이 노우
알고 있습니다.

I see what you mean.
아이 씨 왓 유 민
당신이 말씀하시는 뜻을 알겠습니다.

I know what you're talking about.
아이 노우 왓 유아 토킹 어바웃
당신이 무슨 말하는지 알겠습니다.

I follow you.
아이 팔로우 유
당신의 말씀을 이해합니다.

I'm with you.
아임 위드 유
당신이 하신 말을 잘 이해합니다.

I understand.
아이 언더스텐
이해했습니다.

I understand what you're saying.
아이 언더스텐 왓 유아 쌔잉
알았어요.

Understood.
언더스투드
그렇게 생각합니다.

I got it.
아이 갓 잇
그렇게 생각합니다.

I got you.
아이 갓 츄
그렇게 생각합니다.

I think so.
아이 씽크 쏘우
그렇게 생각합니다.

● 이해 못했어요.

I don't know.
아이 돈 노우
모릅니다.

I didn't know that.
아이 디든 노우 댓
그건 몰랐습니다.

I'm not sure.
아임 낫 슈어
확실하게는 모르겠습니다.

I didn't notice that.
아이 디든 노티스 댓
알아차리지 못했습니다.

I don't remember.
아이 돈 리멤버
기억나지 않습니다.

I don't understand you.
아이 돈 언더스탠 유
당신 말씀을 이해 못하겠습니다.

I don't quite get you.
아이 돈 콰이어트 겟츄
무슨 말씀인지 모르겠습니다.

I'm sorry I don't follow you.
아임 쏘리 아이 돈 팔로우 유
죄송하지만, 말씀하시는 바를 모르겠습니다.

말을 잘할 수 없을 때

● 어떻게 설명해야 좋을지 모르겠군요.

I don't know how to explain it.
아이 돈 노우 하우 투 익스플레인 잇
그것을 어떻게 설명해야 좋을지 모르겠습니다.

I don't know what to say.
아이 돈 노우 왓 투 쌔이
뭐라 말하면 좋을지 모르겠습니다.

I have nothing to say.
아이 해브 나씽 투 쌔이
할 말이 없습니다.

What can I say?
왓 캔 아이 쌔이
제가 뭐라 말할 수 있겠습니까?

I can't find the proper words.
아이 캔 파인드 더 프로퍼 워즈
적절한 말을 못 찾겠습니다.

I can't find the proper expressions.
아이 캔 파인드 더 프로퍼 익스프레션즈
적절한 표현을 못 찾겠습니다.

● 영어로 표현 못하겠어요.

I don't know how to say it in English.
아이 돈 노우 하우 투 쌔이 잇 인 잉글리쉬
그것을 영어로 어떻게 말해야 좋을지 모르겠군요.

I only speak a little English.
아이 온리 스피크 어 리틀 잉글리쉬
전 영어를 조금밖에 못합니다.

I can't say that in English.
아이 캔 쌔이 댓 인 잉글리쉬
그것은 영어로 말할 수 없습니다.

동의할 때

● 네

Yep.
옙
넷.

Yes.
예스
네.

● 맞아요.

That's right.
댓츠 롸잇
맞습니다.

You are right.
유아 롸잇
당신이 맞아요.

You got it.
유 갓 잇
당신이 맞아요.

I think so.
아이 씽크 쏘우
저도 그렇게 생각합니다.

- 물론이에요.

Sure.
슈어
물론입니다.

Exactly.
이그잭트리
물론입니다.

Absolutely.
앱소루트리
당연합니다.

Of course.
오브 코스
당연합니다.

That's for sure.
댓츠 포 슈어
알겠습니다.

I see.
아이 씨
알겠습니다.

- 찬성이에요.

I agree.
아이 어그리
찬성이에요.

I agree with you one-hundred percent.
아이 어그리 위드 유 원 헌드레드 퍼센트
전적으로 찬성해요.

I'll drink to that.
아일 드링크 투 댓
정말 그래.

It's fine.
잇츠 파인
괜찮습니다.

It's satisfactory.
잇츠 쎄티스팩토리
좋습니다.

It's wonderful.
잇츠 원더플
좋습니다.

부정할 때

- 아니오.

No.
노우
아닙니다. / 안 됩니다.

That's not true.
댓츠 낫 츠루
그건 아닙니다.

That's not right.
댓츠 낫 롸잇
그건 옳지 않습니다.

- 안 돼요.

No way.
노우 웨이
안 돼요.

Not a chance.
낫 어 챈스
전혀 가능성이 없어요.

Nothing doing.
낫띵 두잉
거절합니다.

Not likely.
낫 라이크리
그런 일은 있을 수 없어요.

Absolutely not.
앱소루트리 낫
물론 안 돼요.

- 동의하지 않을 때.

You're wrong.
유어 롱
당신이 잘못 알고 있습니다.

I don't agree with you.
아이 돈 어그리 위드 유
전 당신의 의견에 동의할 수 없습니다.

I don't think so.
아이 돈 띵크 쏘우
저는 그렇게 생각하지 않습니다.

I disagree.
아이 디스 어그리
동의하지 않습니다.

I disagree completely.
아이 디스어그리 컴프리트리
저는 완전 반대입니다.

That's not exactly true.
댓츠 낫 이그잭트리 트르
꼭 그렇지는 않습니다.

의심할 때

- 정말이에요?

  Really?
  리얼리?
  정말입니까?

  Are you sure?
  아 유 슈어?
  확실합니까?

  No kidding.
  노 키딩
  농담하지 마십시오.

  You're kidding!
  유아 키딩
  농담이겠죠.

  Are you serious?
  아 유 씨리어스?
  진심입니까?

  Are you pulling my leg?
  아 유 풀링 마이 레그?
  날 놀리는 겁니까?

- 믿을 수 없어요.

  I can't believe it.
  아이 캔 빌리브 잇
  믿을 수 없습니다.

  Do you expect me to believe that?
  두 유 익스팩트 미 투 빌리브 댓?
  제가 믿을 거라고 여기시는 겁니까?

  I'll believe it when I see it.
  아일 빌리브 잇 웬 아이 씨 잇
  전 제가 볼 때만 믿을 겁니다.

That's a lie.
댓츠 어 라이
그런 말은 거짓말입니다.

- 정말이에요.
That's the truth.
댓츠 더 트르쓰
정말입니다.

Believe me.
빌리브 미
믿어 주세요.

I give my word.
아이 기브 마이 워드
믿어 주세요.

I promise.
아이 프라미스
약속합니다.

I swear.
아이 스웨어
맹세합니다.

대답하지 않겠다고 할 때

- 말하지 않겠어요.
No comment.
노 코멘트
말하지 않겠습니다.

No more question.
노 모어 퀘스천
더 이상 묻지 마십시오.

I can not tell you why.
아이 캔 낫 텔 유 와이
이유를 말씀드릴 수 없습니다.

It is beyond description.
잇 이즈 비연드 디스크립션
말로는 다 설명할 수 없습니다.

● 전 몰라요.

I don't know.
아이 돈 노우
저는 모릅니다.

No idea.
노우 아이디어
저는 모릅니다.

How should I know that.
하우 슈드 아이 노우 댓
제가 어떻게 알겠습니까?

관심이 없다고 할때

● 관계없어요.

I don't care.
아이 돈 케어
관계없습니다.

Who cares?
후 캐어즈?
누가 상관하겠어요?

It makes no difference to me.
잇 메잌스 노우 디퍼런스 투 미?
저한텐 별 차이가 없습니다.

03 감정
Emoption

기쁘다

● 정말 기뻐요.

I'm so glad.
아임 쏘우 글래드
정말 기쁩니다.

How pleased I am!
하우 플리즈드 아이 엠
얼마나 기쁜지!

I'm glad to hear that.
아임 글래드투 히어 댓
그 소식을 들으니 기쁩니다.

I'm walking on air.
아임 워킹 온 에어
기뻐서 날아갈 것 같은 기분입니다.

I'm very pleased about it.
아임 베리 플리즈드 어바웃 잇
그 일에 관해서는 대단히 기쁩니다.

- 행복해요.

    I'm as happy as happy can be.
    아임 애즈 해피 애즈 해피 캔 비
    더할 수 없이 기쁜 기분입니다.

    I couldn't be happier.
    아이 쿠든 비 해피어
    최고로 행복합니다.

    I'm as merry as the day is long.
    아임 애즈 메리 애즈 더 데이 이즈 롱
    정말 즐거워요.

    Nothing could make me happier.
    낫띵 쿠드 매이크 미 해피어
    이렇게 행복한 적이 없었습니다.

    I've never felt better.
    아이브 네버 펠트 베러
    기분은 최고예요.

    I'm feeling good.
    아임 필링 굿
    기분이 좋습니다

슬프다

- 슬퍼요.

    Alas!
    알러스
    아아, 슬퍼라.

    I feel sad.
    아이 필 새드
    슬픕니다.

    I'm heartbroken.
    아임 하트브로큰
    가슴이 아픕니다.

I'm out of sorts.
아임 아웃 오브 소츠
기분이 언짢습니다.

I'm so sad I could cry.
아임 쏘우 쌔드 아이 쿠드 크라이
슬퍼서 울고 싶을 정도에요.

It makes me sad to think of her.
잇 매익스 미 쌔드 투 씽크 오브 허
그녀를 생각하면 슬퍼져요.

What a sad thing!
왓어 쌔드 씽
얼마나 슬픈 일인지!

● 우울해요.

I'm feeling low.
아임 필링 로우
우울합니다.

I'm feeling blue today.
아임 필링 블루 투데이
저는 오늘 우울합니다.

I'm depressed.
아임 디프레스트
저는 오늘 우울합니다.

I'm down in the dumps.
아임 다운 인 더 덤스
기운이 없습니다.

I'm not in the good mood right now.
아임 낫 인 더 굿 무드 롸잇 나우
지금 기분이 좋지 않습니다.

I've been feeling down lately.
아이브 빈 필링 다운 레이틀리
요즘 기분이 좋지 않습니다.

I don't feel like doing anything.
아이 돈 필 라이크 두잉 애니띵
아무것도 할 마음이 안 나요.

재미있다 재미없다

- 재미있어요.

  It's fun.
  잇츠 펀
  그거 재밌습니다.

  It's full of fun.
  잇츠 풀 오브 펀
  너무 재미있습니다.

  Very exciting.
  베리 익사이팅
  매우 흥분됩니다.

- 재미없어요.

  It's boring.
  잇츠 보링
  따분합니다.

  That's flat.
  댓츠 플랫
  저거 시시합니다.

  Everyday is dull.
  에브리데이 이즈 덜
  매일이 지루합니다.

  The book is uninteresting.
  더 북 이즈 언인터리스팅
  그 책은 재미없습니다.

좋아하다 싫어하다

- 좋아해요.

    I love my son.
    아이러브 마이 썬
    저는 제 아들을 사랑합니다.

    It's my favorite movie.
    잇츠 마이 페이버릿 무비
    제가 좋아하는 영화입니다.

    I like orange juice.
    아이 라이크 오린지 주스
    저는 오렌지주스를 좋아합니다.

- 싫어해요.

    I don't like it.
    아이 돈 라이크 잇
    싫어합니다.

    I don't care for it.
    아이 돈 케어 포 잇
    싫어합니다.

    I hate mosquitos.
    아이 해이트 모스키토-즈
    모기를 싫어합니다.

화가나다

- 몹시 열 받았어요.

    I'm so furious.
    아임 쏘우 퓨어리어스
    저 엄청 열받았습니다.

I'm so mad I could scream.
아임 쏘우 매드 아이 쿠드 스크림
화가 나서 소리를 지르고 싶을 정도예요.

I've never been so mad in my life.
아이브 네버 빈 쏘우 매드 인 마이 라이프
지금까지 이렇게 화가 난 적이 없었습니다.

This is going too far.
디스 이즈 고잉 투 파
이제 더는 못 참아.

This is the last straw.
디스 이즈 더 라스트 스트로우
이제 더는 못 참아.

- 네가 부끄러워!

Shame on you!
쉐임 온 유
네가 부끄럽다!

For shame!
포 쉐임
안 부끄럽니?

I'm ashamed of you.
아임 어쉐임드 오브 유
네가 부끄러워.

You ought to be ashamed of yourself.
유 오우 투 비 어쉐임드 오브 유어셀프
너는 부끄러워해야 해.

- 투덜대지 마!

Stop griping.
스탑 그리핑
투덜거리지 마.

Stop complaining.
스탑 컴플레이닝
투덜거리지 마.

Don't be such a crab.
돈 비 써치 어 크랩
투덜거리지 마.

Don't be so grouchy.
돈 비 쏘우 그라우치
투덜거리지 마.

- 그만둬요.

Would you stop that?
우쥬 스탑 댓
삐치지 마.

Could you please stop doing that?
쿠드 유 플리즈 스탑 두잉 댓
그거, 그만둬 주시겠어요?

Must you do that?
머스트 유 두 댓
그 일을 꼭 해야 해요?

Stop bothering me.
스탑 보더링 미
그만둬 주세요.

Stop pestering me.
스탑 페스터링 미
방해하지 말아 주세요.

Cut it out!
컷 잇 아웃
그만 두십시오!

Knock it off!
넉 잇 오프
그만 두십시오!

Get it off.
겟 잇 오프
그만 두십시오!

● 내버려둬요.

Please go away.
플리즈 고우 어웨이
내버려 둬.

Get off my tail!
겟 엎 마이 테일
나 건드리지 마.

Get off my back!
겟 엎 마이 백
남의 뒤 좀 그만 쫓아다녀요!

Leave me alone.
리브 미 얼론
혼자 내버려 둬 주세요.

Let me alone.
렛 미 얼론
혼자 있게 해주십시오.

Lay off, will you?
레이 오프 윌 유?
부탁이니까, 혼자 있게 해줄래?

Take your hands off me.
테익 유어 핸즈 오프 미
부탁이니까, 혼자 있게 해줄래?

● 참견하지 마요.

Mind your own business.(=M.Y.O.B.)
마인드 유어 오운 비즈니스
참견하지 마.

That's none of your affair.
댓츠 넌 오브 유어 어페어
당신과는 관계없는 일입니다.

Get (or Keep) your nose out of my business.
겟 유어 노우즈 아웃 오브 마이 비즈니스
쓸데없는 참견입니다.

Who asked you?
후 애스크트 유?
너한테 누가 물어봤어?

When I want your opinion, I'll ask for it.
웬 아이 원트 유어 오피니언 아일 애스크 포 잇
네 의견이 듣고 싶어지면 물어볼게.

- 바보!

Stupid!
스튜피드
바보!

Nuts to you.
넛츠 투 유
바보같이!

You're a pain in the neck.
유아 어 페인 인 더 넥
넌 목에 가시 같은 인간이야.

You're a pain in the ass.
유아 어 페인 인디 애스
넌 바보 같은 인간이야.

창피하다

- 창피해요.

    The shame of it!
    더 쉐임 오브 잇
    너무 창피해.

    What a shame!
    왓 어 쉐임
    이게 무슨 망신이야!

무섭다

- 무서워요.

    I'm scared.
    아임 스케어드
    무서워요.

    I was frightened.
    아이 워즈 프라이튼드
    무서웠습니다.

    I was terrified.
    아이 워즈 테리파이드
    겁났습니다.

    I was scared to death.
    아이 워즈 스케어드 투 데쓰
    무서워 죽겠습니다.

    It gave me the creeps.
    잇 게이브 미 더 크립스
    섬뜩했습니다.

    It gave me the willies.
    잇 게이브 미 더 윌리즈
    소름 끼쳤습니다.

It gave me goose pimples.
잇 게이브 미 구스 핌플즈
몸에 소름이 돋았습니다.

My hair stood on end.
마이 헤어 스투드 온 엔드
털이 곤두섰습니다.

- 위협하지 마요.

You scared the wits out of me.
유 스케어드 더 위츠 아웃 오브 미
절 위협하지 마십시오.

You scared me to death.
유 스케어드 미 투 데쓰
절 위협하지 마십시오.

You scared the devil out of me.
유 스케어드 더 데빌 아웃 오브 미
절 위협하지 마십시오.

놀라다

- 맙소사!

Oh, dear!
오우, 디어
맙소사!

Oh, I'm surprised!
오우 아임 서프라이즈드
놀랐습니다!

Oh, you made me jump.
오우 유 매이드 미 점프
깜짝 놀랐어!

That's surprising!
댓츠 서프라이징
그거 놀랍구나!

My goodness!
마이 굿니스
하느님 맙소사!

- 대단해요.

That's awesome!
댓츠 오썸
대단합니다!

That's incredible.
댓츠 인크레더블
놀랍습니다!

That's unbelievable.
댓츠 언빌리버블
믿을 수 없습니다!

I can't believe it.
아이 캔트 빌리브 잇
믿을 수 없습니다!

04 예절
Manners

감사

- 고마워요.

    Thanks.
    땡스
    고맙습니다.

    Thank you.
    땡큐
    감사합니다.

    Thank you very much.
    땡큐 베리 머치
    대단히 감사합니다.

    Thanks for everything.
    땡스 포 에브리띵
    여러 가지로 고맙습니다.

    Thanks a lot.
    땡스 어 랏
    많이 고맙습니다.

    I owe you big.
    아이 오우 유 빅
    신세졌습니다.

I'm deeply grateful.
아임 디플리 그레이트풀
깊이 감사드립니다.

I appreciate your kindness.
아이 어프리시에이트 유어 카인드니스
친절에 감사합니다.

I can't thank you enough.
아이 캔 땡큐 이너프
어떻게 감사드려야 할지 모르겠습니다.

I don't know how I can thank you enough.
아이 돈 노우 하우 아이 캔 땡큐 이너프
어떻게 감사드려야 할지 모르겠습니다.

● 감사 표현에 대한 응답.

No problem.
노 프라블럼
천만에요.

No trouble.
노 트러블
천만에요.

You're welcome.
유어 웰컴
천만에요.

(It was) my pleasure.
(잇 워즈)마이 플레져
도리어 기뻤습니다.

Please don't thank me.
플리즈 돈 땡 미
감사하실 것까지 없습니다.

(It was) nothing.
(잇 워즈)낫띵
아무것도 아니에요.

Not at all.
낫 앳 올
천만에요.

Don't mention it.
돈 맨션 잇
천만에요.

Forget it.
훠겟 잇
신경쓰지 마세요.

사과

- 죄송해요.

I'm sorry.
아임 쏘리
죄송합니다.

I'm very sorry.
아임 베리 쏘리
매우 죄송합니다.

I'm really sorry.
아임 리얼리 쏘리
정말 죄송합니다.

I'm terribly sorry.
아임 테러블리 쏘리
너무나 죄송합니다.

- 사과 드려요.

My apologies.
마이 어팔러자이즈
사과 드립니다.

I apologize.
아이 어팔러자이즈
사과합니다.

My sincere apologies.
마이 신씨어 어팔러자이즈
진심으로 사과 말씀 드립니다.

Please accept my apologies.
플리즈 억셉트 마이 어팔러자이즈
부디 사과를 받아 주세요.

- 용서해 주세요.

Please forgive me.
플리즈 풔김미
부디 용서해 주십시오.

I ask our forgiveness.
아이 애스크 아워 풔기브니스
용서를 구합니다.

Can you forgive me?
캔 유 풔김미
용서해 주시겠습니까?

I beg your forgiveness.
아이 벡 유어 풔기브니스
아무쪼록 용서해 주십시오.

- 제 잘못이에요.

My mistake.
마이 미스테익
제 잘못입니다.

It's my fault.
잇츠 마이 폴트
그건 제 잘못입니다.

The fault lies with me.
더 폴트 라이즈 위드 미
제 책임입니다.

It's all my fault.
잇츠 올 마이 폴트
모두 제 잘못입니다.

- 책임은 제가 지겠어요.

   I take the blame.
   아이 테익 더 블레임
   책임지겠습니다.

   I'm to blame.
   아임 투 블레임
   책임은 모두 제게 있습니다.

   I'm fully responsible.
   아임 풀리 리스판서블
   모두 제 책임입니다.

- 그런 뜻은 아니었어요.

   I shouldn't have said that.
   아이 슈든 해브 쌔드 댓
   그런 말을 하는 게 아니었습니다.

   I didn't mean it.
   아이 디든 민 잇
   그런 뜻은 아니었습니다.

   I didn't mean to do that.
   아이 디든 민 투두 댓
   그런 일을 할 생각은 아니었습니다.

   I didn't mean to say that.
   아이 디든 민 투 쎄이 댓
   그런 말을 할 생각은 아니었습니다.

   It was thoughtless of me.
   잇 워즈 쏘우트리스 오브 미
   제가 생각이 짧았습니다.

- 다시는 이런 일 없을 거예요.

    ### It won't happen again.
    잇 원 해픈 어게인
    다시는 이런 일 없을 겁니다.

    ### I won't do it again.
    잇 원 두 잇 어게인
    같은 잘못을 저지르지 않을 겁니다.

- 잊어 버려요.

    ### Forget it.
    훠겟잇
    잊어 버려요.

    ### Forgive and forget.
    훠기브 앤 훠겟
    용서하고 잊으십시오.

    ### Don't worry about it.
    돈 워리 어바웃 잇
    걱정하지 마십시오.

    ### Never mind.
    네버 마인드
    상관없습니다.

- 괜찮아요.

    ### It's okay.
    잇츠 오케이
    괜찮아요.

    ### That's all right.
    댓츠 올라잇
    괜찮습니다.

    ### It's nothing.
    잇츠 낫띵
    아무 일도 아닙니다.

Never mind.
네버 마인드
신경 쓰지 마세요.

Don't give it another thought.
돈 기브 잇 언아더 쏘우
신경쓰지 마세요.

Think no more of it.
띵크 노 모어 오브 잇
더 이상 신경 쓰지 마십시오.

It's me that should apologize.
잇츠 미 댓 슈드 어팔러자이즈
사과해야 할 쪽은 오히려 저예요.

축하

- 축하해요.

Congratulations!
컨그래츄레이션
축하합니다!

I'm very happy for you.
아임 베리 해피 풔 유
너의 일, 정말 기쁘게 생각해.

You must be pleased!
유 머스트 비 플리즈드
기쁘시겠어요!

Let's celebrate it.
렛츠 셀리브레이트 잇
축하합시다.

I heartily congratulate you.
아이 하틀리 컨그래츄레이츄
진심으로 축하드립니다.

I wish you every happiness.
아이 위시 유 에브리 해피니스
행복을 진심으로 기원합니다.

- 생일을 축하해요.

    Happy Birthday to you!
    해피 버스데이 투 유
    생일을 축하합니다.

    Best wishes to you on your 20th birthday.
    베스트 위시즈 투 유 온 유어 퉤니스 버쓰데이
    당신의 스무 번째 생일을 축하드립니다.

    How do you feel to be 15 years old?
    하우 두유 휠 투 비 피브틴 이어즈 올드
    열다섯 살이 된 감상이 어때요?

    I'm sending you a birthday present.
    아임 샌딩 유 어 버쓰데이 프레즌트
    생일 선물을 보내드립니다.

    I hope you'll like it.
    아이 호프 유일 라이크 잇
    마음에 들었으면 합니다.

- 결혼을 축하해요.

    Congratulations on your wedding!
    컨그래츄레이션즈 온 유어 웨딩
    결혼 축하드립니다!

    Please accept my sincere congratulations on your marriage.
    플리즈 억셉 마이 씬시어 컨그래츄레이션즈 온 유어 메리지
    당신의 결혼을 진심으로 축하드립니다.

    I am very glad to hear of your marriage to Miss Anne Sherry.
    아이 앰 베리 글래투 히어 오브 유어 메리지 투 미스 앤 셰리
    앤 셰리 양과의 결혼 소식을 들으니 정말로 기쁩니다.

I wish you everlasting love and happiness.
아이 위시 유 에버레스팅 러브 앤 해피니스
두 분의 영원한 사랑과 행복을 기원합니다.

I heartily congratulate you on your choice.
아이 하틀리 컨그래츄레이트 유 온 유어 초이스
둘도 없는 좋은 인연을 진심으로 축하드립니다.

Please send your sister my hearty congratulations on her marriage.
플리즈 샌드 유어 시스터 마이 하티 컨그래츄레이션즈 온 허 메리지
당신 누님에게 제가 결혼 축하하더라고 전해 주십시오.

- 출산을 축하해요.

Congratulations on your new boy!
컨그래츄레이션즈 온 유어 뉴 보이
출산을 축하합니다.

I'm happy to hear of the arrival of your little daughter.
아임 해피 투 히어 오브 디 어라이벌 오브 유어 리틀 도터
따님을 낳으셨다니 정말 기쁩니다.

How thrilled I was to hear about the birth of your baby.
하우 드릴드 아이 워즈 투 히어 어바웃 더 버쓰 오브 유어 베이비
아기를 낳았다는 소식 듣고 굉장히 기뻐했습니다.

- 입학을 축하해요.

Congratulations on your admission to university.
컨그래츄레이션즈 온 유어 어드미션 투 유니버시티
대학교 입학을 축하합니다.

I knew you could do it all along.
아이 뉴 유 쿠드 두 잇 올 어롱
처음부터 당신이라면 잘 하실 것이라 생각했습니다.

- 졸업을 축하해요.

    ### Congratulations on graduating from college.
    컨그래쥬레이션즈 온 그래쥬에이팅 프럼 칼리지
    대학 졸업 축하합니다.

    ### You must have graduated with an excellent scholastic record.
    유 머스트 해브 그래쥬에이티드 위드 언 엑셀런트 스콜라스틱 뤠코드
    당신이니까 우수한 성적으로 졸업하셨으리라 생각합니다.

    ### I wish you all of God's blessings for the future.
    아이 위시 유 올 오브 가즈 블레씽 포 더 퓨쳐
    빛나는 미래를 기원하고 있습니다.

    ### I wish you all the success in the future.
    아이 위시 유 올 더 썩세스 인더 퓨쳐
    빛나는 미래를 기원하고 있습니다.

- 취직을 축하해요.

    ### Congratulations on your getting a wonderful job.
    컨그래츄레이션즈 온 유어 게팅 어 원더플 잡
    취직 축하합니다.

    ### Best wishes for success in your job.
    베스트 위시즈 포 썩세스 인 유어 잡
    하시는 일이 성공하기를 기원합니다.

- 승진을 축하해요.

    ### Congratulations on your promotion!
    컨그래츄레이션즈 온 유어 프로모션
    승진 축하합니다.

    ### How happy I was to hear of your winning a quick promotion.
    하우 해피 아이 워즈 투 히어 오브 유어 위닝 어 퀵 프로모션
    당신이 고속 승진하셨다니 정말로 기쁘게 생각합니다.

I'm very proud of you to hear that you have been chosen as a new branch manager in New York.
아임 베리 프라우드 오브 유 투 히어 댓 유 해브 빈 쵸즌 애즈 어 뉴 브랜치 매니져 인 뉴욕
당신이 뉴욕지점장이 되셨다는 소식을 듣고 당신이 몹시 자랑스러웠습니다.

The news of your being transferred to the Seoul branch came as a wonderful surprise.
더 뉴스 오브 유어 빙 트랜스퍼드 투 더 서울 브랜치 캐임 애즈 어 원더플 서프라이즈
당신이 서울지점으로 전근하셨다는 소식을 듣고 놀라고 기뻤습니다.

● 완쾌 축하합니다.

Congratulations on leaving the hospital so soon.
컨그래츄레이션즈 온 리빙 더 하스피털 쏘우 쑨
빨리 퇴원하신 것을 축하드립니다.

Congratulations on your speedy dismissal from the hospital.
컨그래츄레이션즈 온 유어 스피디 디스미슬 프럼 더 하스피털
빨리 퇴원하신 것을 축하합니다.

I congratulate you from the bottom of my heart for having completely recovered.
아이 컨그래츄레이트 유 프럼 더 보텀 오브 마이 하트 포 해빙 컴프리트리 리커버드
당신의 완쾌를 진심으로 축하드립니다.

● 기타

I'm so happy to hear that you won a scholarship to Princeton University.
아임 쏘우 해피 투 히어 댓 유 원 어 스칼러십 투 프린스톤 유니버씨티
프린스턴 대학의 장학금을 받게 되었다니 정말 기쁩니다.

All my congratulations to you on your winning your Ph. D.(Doctor of philosophy)
올 마이 컨그래츄레이션즈 투 유 온 유어 위닝 유어 ph.d
철학박사 학위 취득하신 거 진심으로 축하드립니다.

I'm very proud of you as a friend.
아임 베리 프라우드 오브 유 애즈 어 프랜드
친구로서 당신을 자랑스럽게 생각합니다.

You can't imagine how pleased I am.
유 캔 이매진 하우 플리즈드 아이 앰
내가 얼마나 기뻐하고 있는지 상상도 못하실 겁니다.

I'm very happy to hear that you have moved into newly built house.
아임 베리 해피 투 히어 댓 유 해브 무브드 인투 뉴리 빌트 하우스
신축하신 집으로 이사했다는 소식 들으니 정말 기쁩니다.

위로

- 기운내요.

Cheer up!
치어 럽
기운내요.

Keep your chin up!
킵 유어 친 업
기운내요.

It will work out.
잇 윌 워크 아웃
곧 해결될 겁니다.

Don't let it get you down.
돈 렛 잇 겟츄 다운
그런 일로 기죽지 마십시오.

Tomorrow is another day.
투머로우 이즈 언아더데이
내일이 있잖아요.

Things will work themselves out.
띵즈 윌 워크 뎀셀브즈 아웃
잘 해결될 겁니다.

It's always darkest before dawn.
잇츠 올웨이즈 다키스트 비포 던
잘 되기 전이 가장 어려운 법이죠.

- 완쾌하시기 바래요.

    ### I hope you will recover soon.
    아이 호프 유 월 리커버 쑨
    빨리 좋아지시기 바랍니다.

    ### I hope you will soon be all right.
    아이 호프 유 월 쑨 비 올롸잇
    빨리 좋아지시기 바랍니다.

    ### I hope you'll get better soon.
    아이 호프 유월 겟 베러 쑨
    빨리 좋아지시기 바랍니다.

    ### I hope you'll take care of yourself and get well soon.
    아이 호프 유월 테익 케어 오브 유어셀프 앤드 겟 웰 쑨
    부디 몸조리 잘하셔서 빨리 회복하시기 바랍니다.

    ### I hope you'll regain your health soon.
    아이 호프 유월 리게인 유어 헬쓰 쑨
    부디 몸조리 잘하셔서 빨리 회복하시기 바랍니다.

    ### I'm glad to hear that you are rapidly getting better.
    아임 글래 투 히어 댓 유 아 래피들리 겟팅 베러
    빨리 건강 회복하시기 바랍니다.

- 피해가 없기를 바래요.

    ### I hope you didn't receive any damage.
    아이 호프 유 디든 리시브 애니 대미지
    피해가 없기를 바래요.

    ### I sincerely hope you didn't receive any serious damage.
    아이 씬씨어리 호프 유 디든 리시브 애니 씨리어스 대미지
    정말로 너무 큰 피해가 아니었으면 좋겠군요.

    ### I hope there was no damage to your house.
    아이 호프 데어 워즈 노 대미지 투 유어 하우스
    당신 집에 피해가 없었기를 바랍니다.

I hope you and your family are all safe.
아이 호프 유 앤 유어 패밀리 아 올 새이프
당신이나 가족 여러분께서 무사하기를 바랍니다.

- 애도의 뜻을 표합니다.

You have all my sympathies.
유 해브 올 마이 심퍼씨즈
참으로 안됐습니다.

Please accept my sincere condolence.
플리즈 억셉 마이 씬시어 컨덜런스
진심으로 애도의 뜻을 표하는 바입니다.

I'm really sorry to learn of your great loss.
아임 리얼리 쏘리 투 런 오브 유어 그레이트 로스
이번 불행은 정말 안되셨습니다.

Your sorrow is also my sorrow.
유어 쏘로우 이즈 올쏘우 마이 쏘로우
당신의 슬픔은 제 슬픔이기도 합니다.

I can painfully understand your feelings.
아이 캔 패인풀리 언더스탠 유어 휠링즈
당신 마음이 얼마나 아플지 알 것 같습니다.

He was my best friend and I will miss him very much.
히 워즈 마이 베스트 프렌드 앤드 아이 윌 미스 힘 베리 머취
그는 제 친구였는데 그가 세상을 떠났다니 몹시 그립군요.

He was a wonderful person and a thoughtful friend.
히 워즈 어 원더풀 퍼쓴 앤 어 쏘트풀 프렌드
그는 훌륭한 인물이고, 사려 깊은 친구였습니다.

I'm very sorry to hear of the death of your father.
아임 베리 쏘리 투 히어 오브 더 데쓰 오브 유어 파더
당신 아버님께서 돌아가셨다니 너무 안되셨군요.

May he rest in peace!
매이 히 레스트 인 피스
고인의 명복을 빌겠습니다.

- 희망을 버리지 마세요.

    ### Don't give up!
    돈 기브 업
    포기하지 마세요.

    ### Never say die!
    네버 쎄이 다이
    나약한 말씀을 하셔서는 안 됩니다.

    ### Never give up hope.
    네버 기브 업 호프
    희망을 버리시면 안 됩니다.

    ### Please be courageous at this time of sorrow.
    플리즈 비 케레이저스 앳 디스 타임 오브 쏘로우
    이렇게 슬플 때야말로 용기를 내셔야 합니다.

    ### You have to be strong and positive at a time like this.
    유 해브 투 비 스트롱 앤 파지티브 앳 어 타임 라익 디스
    이런 때야말로 강하게 그리고 긍정적으로 생각하십시오.

    ### There is something good in every bad thing.
    데어 이즈 썸띵 굿 인 에브리 배드 띵
    슬픔의 이면에는 반드시 기쁨이 있다는 사실을 잊지 말아 주십시오.

칭찬

- 잘했어요.

    ### Good!
    굿
    잘하네요.

    ### Good job.
    굿 잡
    잘했습니다.

    ### Nice.
    나이스
    멋져요.

Well done.
웰 던
아주 잘했습니다.

Terrific!
테러픽
굉장합니다.

Great!
그레이트
굉장합니다.

Super!
수퍼
굉장합니다.

You did it!
유 디드 잇
당신이 해냈어요!

- 당신은 좋은 사람이에요.

You are a good person.
유 아 어 굿 퍼슨
당신은 좋은 사람입니다.

You are so gentle.
유 아 쏘우 젠틀
당신은 너무나 상냥해요.

You are so kind.
유 아 쏘으 카인드
당신은 참 친절합니다.

How sweet!
하우 스윗
얼마나 상냥한 사람인지!

You have a good sense of humor.
유 해브어 굿 쎈쓰 오브 유머
좋은 유머 감각을 가지셨습니다.

- 당신은 아름다워요.

    How pretty!
    하우 프리티
    참 예뻐요!

    You are so beautiful.
    유 아 쏘우 뷰티플
    당신은 너무나 아름답습니다.

    So lovely.
    쏘우 러브리
    너무나 사랑스럽습니다.

    Cute!
    큐트
    귀여워요!

    You have lovely smile.
    유 해브 러브리 스마일
    당신은 웃는 게 사랑스러워요.

- 당신은 최고예요.

    You're the best.
    유 아 더 베스트
    당신은 최고입니다.

    You're out of this world.
    유아 아웃 오브 디스 워드
    당신은 굉장한 사람입니다.

    You're something else.
    유아 썸띵 엘스
    당신은 굉장한 사람입니다.

    I'm really proud of you.
    아임 리얼리 프라우드 오브 유
    저는 당신이 자랑스럽습니다.

05 사교
Private

초대

● 시간 있어요?

Are you free now?
아 유 프리 나우
지금 시간 있습니까?

Do you have any appointments tomorrow?
두 유 해브 애니 어포인트먼츠 투머로우
내일 무슨 약속 있습니까?

Are you available this weekend?
아 유 어베일러블 디스위크앤드
이번 주말에 시간 있습니까?

● 네, 한가해요.

Yes, I'm free.
예스 아임 프리
네, 한가해요.

I'll be free after 6.
아일 비 프리 애프터 씩스
6시 이후에 시간이 납니다.

I can see you tomorrow.
아이 캔 씨 유 투머로우
내일 만날 수 있어요.

I have no particular plans for this weekend.
아이 해브 노우 파티큘러 플랜즈 포 디스 위크앤
이번 주말엔 별다른 계획이 없습니다.

- 바빠요.

I'm sorry. I'm a little busy today.
아임 쏘리 아임 어 리틀 비지 투데이
미안합니다. 오늘 제가 좀 바쁩니다.

I'll be busy tomorrow.
아일 비 비지 투머로우
내일은 바쁩니다.

Oh, unfortunately I'm tied up on Monday.
오우 언풔츄너틀리 아임 타이드 업 온 먼데이
공교롭게도 월요일은 바쁩니다.

That's a bad day for me.
댓츠 어 배드 데이 포 미
그날은 시간이 안 납니다.

I have other plans.
아이 해브 아더 플랜즈
다른 계획이 있습니다.

- 언제 시간 있어요?

When are you free?
웬 아 유 프리
언제 시간이 있습니까?

When can you make it?
웬 캔 유 메이크 잇
언제가 좋아요?

From what time will you be free?
프럼 왓 타임 윌 유 비 프리
몇 시부터 시간이 있습니까?

Up to what time will you be free?
업 투 왓 타임 윌 유 비 프리
몇 시부터 시간이 있습니까?

Are you available this coming Saturday?
아 유 어베일러블 디스 커밍 쎄러데이
이번 토요일에는 가능하십니까?

When should we meet?
웬 슈드 위 밋
우리 언제 만날까요?

- 초대하고 싶어요.

Would you like to come over?
우쥬 라익 투 컴 오버
놀러오지 않겠습니까?

I'm going to have a little party next Saturday.
아임 고잉 투 해브 어 리를 파리 넥스트 쎄러데이
다음주 토요일에 작은 파티를 엽니다.

I'd like to invite you to dinner this Saturday.
아이드 라익 투 인바이트 유 투 디너 디스 쎄러데이
이번 토요일에 당신을 저녁 식사에 초대하고 싶습니다만.

I'd like to invite you to my birthday party as one of my friends.
아이드 라익 투 인바이트 유 투 마이 버쓰데이 파리 애즈 원 오브 마이 프렌즈
친구의 한 사람으로서 제 생일 파티에 초대하고 싶습니다.

- 꼭 와 주세요.

Do try to come.
두 투라이 투 캄
꼭 와 주세요.

Please come to my house.
플리즈 캄 투 마이 하우스
부디 우리 집에 와 주세요.

Please come and see me.
플리즈 캄 앤 씨 미
부디 우리 집에 와 주세요.

Please try to come.
플리즈 투라이 투 캄
오도록 애써 주십시오.

I hope you can manage to come.
아이 호프 유 캔 매니지 투 캄
어떻게든 짬을 내서 참석해 주십시오.

● 부인과 함께 오세요.

Please come with your wife.
플리즈 캄 위즈 유어 와이프
부인과 함께 오십시오.

Bring along your husband.
브링 어롱 유어 허즈번드
남편 분도 함께 오십시오.

Don't forget to bring your sister with you.
돈 훠겟 투 브링 유어 씨스터 위쥬
여동생 데려 오는 거 잊지 마십시오.

● 오실 수 있어요?

Can you come to my house this evening?
캔 유 캄 투 마이 하우스 디스 이브닝
오늘 밤 저희 집에 오실 수 있습니까?

Are you sure you can come?
아 유 슈어 유 캔 컴
정말 오실 수 있습니까?

Would you care to come to my little party?
우쥬 캐어 투 캄 투 마이 리틀 파리
제 작은 파티에 와 주시겠습니까?

Could you keep next Saturday evening free for me?
쿠쥬 킵 넥스트 쌔러데이 이브닝 프리 포 미
저를 위해 다음주 토요일 저녁을 비워 주시지 않겠습니까?

Can you make it?
캔 유 메이크 잇
가능하시겠습니까?

● 와 주시면 대단히 기쁘겠습니다.

I'll be glad if you come.
아일 비 글래드 이프 유 컴
와 주시면 좋겠습니다.

Please honor us with your presence.
플리즈 아너 어스 위드 유어 프레즌스
와 주시면 대단히 기쁘겠습니다.

I shall be very glad if you can come.
아이 셀 비 베리 글래드 이프 유 캔 컴
와 주시면 대단히 기쁘겠습니다.

I would be delighted if you could come to dinner on Saturday night.
아이 우드 비 딜라이티드 이프 유 쿠드 컴 투 디너 온 쌔러데이 나잇
토요일 밤 저녁모임에 와 주시면 기쁘겠습니다.

● 기다릴게요.

I'll be waiting for you.
아일 비 웨이팅 포 유
기다리고 있겠습니다.

I will expect you at my party next Saturday.
아이 윌 익스펙트 유 앳 마이 파리 넥스트 쌔러데이
다음 토요일 제 파티에서 뵙기를 고대하겠습니다.

- 오실 수 있는지 알려 주세요.

   Please let me know if you can come.
   플리즈 렛 미 노우 이프 유 캔 컴
   오실 수 있는지 알려 주십시오.

   If you should be prevented from coming, please let me know.
   이프 유 슈드 비 프리벤티드 프럼 커밍, 플리즈 렛 미 노우
   만약 짬이 안 나시면 알려 주십시오.

초대에 대한 답

- 초대해 주셔서 감사해요.

   Thank you very much for your kind invitation.
   땡 큐 베리 머치 포 유어 카인드 인비테이션
   친절한 초대에 감사드립니다.

   It's very kind of you to invite me.
   잇츠 베리 카인드 오브 유 투 인바이트 미
   초대해 주셔서 정말 감사합니다.

- 기꺼이 만나겠어요.

   I will be pleased to come.
   아이 윌 비 플리즈드 투 컴
   기꺼이 만나겠습니다.

   I will be pleased to see you.
   아이 윌 비 플리즈드 투 씨 유
   기꺼이 만나겠습니다.

   I'm sure I can come.
   아임 슈어 아이 캔 컴
   분명히 갈 수 있을 겁니다.

   I accept your invitation with pleasure.
   아이 억셉트 유어 인비테이션 위드 플레져
   초대 기꺼이 받아들이겠습니다.

- 갈 수 없을 것 같아요.

    I'm not quite sure whether I'll be free on that day.
    아임 낫 콰이트 슈어 웨더 아일 비 프리 온 뎃 데이
    그 날은 시간이 날지 어떨지 모르겠습니다.

    I'm sorry, but I have a previous engagement.
    아임 쏘리 밧 아이 해브 어 프리비어스 인게이지먼트
    유감스럽지만 선약이 있습니다.

    I'm afraid I can't seem to make it.
    아임 어프레이드 아이 캔 씸 투 메이킷
    죄송하지만 갈 수 없을 것 같습니다.

    Maybe next time.
    메이비 넥스타임
    다음 기회에 가겠습니다.

    I hope you'll ask me again sometime.
    아이 호프 유윌 에스크 미 어게인 썸타임
    다음 기회에 초대해 주세요.

방문하고 싶을 때

- 찾아뵈어도 될까요?

    Can I come over?
    캔 아이 컴 오버?
    너희 집에 가도 돼?

    Could I come over this afternoon.
    쿠드 아이 컴 오버 디스 애프터눈
    오늘 오후에 댁에 찾아가도 될까요?

    Do you mind if I stop by this evening?
    두 유 마인드 이프 아이 스탑 바이 디스 이브닝?
    오늘 저녁에 당신 집에 들러도 괜찮을까요?

    Would it be a problem if I dropped by?
    우드 잇 비 어 프라블럼 이프 아이 드랍트 바이?
    댁에 들르면 폐가 될까요?

방문 시 주의 사항

- 몇 시에 가면 좋을까요?

    What time can I come?
    왓 타임 캔 아이 컴?
    몇 시에 가면 좋을까요?

    When would be a good time for me to come over?
    웬 우드 비 어 굿 타임 포 미 투 캄 오버?
    언제쯤 가면 좋을까요?

    What time should I be there?
    왓 타임 슈드 아이 비 데어?
    그곳에는 몇 시에 가면 됩니까?

    What time can I see you?
    왓 타임 캔 아이 씨 유?
    몇 시에 만날 수 있습니까?

    When's a good time for you?
    웬즈 어 굿 타임 포 유?
    언제가 시간이 좋으세요?

    When is the party starting?
    웬 이즈 더 파리 스타팅?
    파티는 몇 시에 시작합니까?

    I'll be expecting you at about six o'clock.
    아일 비 익스펙팅 유 앳 어바웃 씩스 어클락
    6시경에 기다리겠습니다.

    Will Saturday evening at six o'clock be convenient?
    윌 쌔러데이 이브닝 앳 씩스 어클락 비 컨비니언트?
    토요일 6시는 형편이 어떠세요?

- 여섯 시쯤 갈게요.

    I'll be there around six o'clock.
    이일 비 데어 어라운드 씩스 어클락
    6시경에는 가겠습니다.

I'll be there by six thirty.
아일지 데어 바이 씩스 써리
6시 30분까지는 가겠습니다.

● 무엇을 가지고 가면 좋겠어요?

Can I bring something?
캔 아이 브링 썸띵?
뭐 좀 가지고 갈까요?

Do I need to bring anything?
두 아이 니드 투 브링 애니띵?
뭐 좀 가지고 가야 되나요?

What would you like me to bring?
왓 우쥬 라익 미 투 브링?
무엇을 가지고 가면 좋겠습니까?

Let me bring wine.
렛 미 브링 와인
와인을 가지고 갈게요.

● 복장은 어떻게 할까요?

How should I dress?
하우 슈드 아이 드레스?
어떻게 입고 갈까요?

What should I wear?
왓 슈두 아이 웨어?
무엇을 입으면 좋을까요?

Do I have to dress up?
두 아이 해브 투 드레스 업?
정장을 해야 합니까?

Do I need a tie?
두 아이 니드 어 타이?
넥타이를 매야 합니까?

Is it casual or formal?
이즈 잇 캐쥬얼 오어 포멀?
캐주얼로 입을까요, 아니면 정장을 입을까요?

Dress up.
드레스 업
정장을 하십시오.

Just dress casually.
저스트 드레스 캐쥬얼리
그냥 편한 차림이면 됩니다.

Wear whatever you feel comfortable in.
웨어 왓에버 유 필 컴포터블 인
무엇이든 편한 옷으로 입으십시오.

손님 마중

- 잘 오셨습니다.

I'm so glad you've come.
아임 쏘 글래드 유브 컴
잘 오셨습니다.

How good of you to have come.
하우 굿 오브 유 투 해브 캄
네가 와서 얼마나 기쁜지 몰라.

Delighted to have you here.
딜라이티드 투 해브 유 히어
오셔서 기쁩니다.

I'm so glad you could come.
아임 쏘우 글래쥬 쿠드 컴
네가 와줘서 정말 기쁘다.

Thank you so much for coming.
땡큐 쏘우 머치 포 커밍
와 주셔서 너무 감사합니다.

Welcome to my house!
웰컴 투 마이 하우스
방문을 환영합니다!

- 앉으세요.

Please sit down.
플리즈 씻 다운
앉으세요.

Have a seat, please.
해브 어 씻 플리즈
앉으세요.

Please be seated.
플리즈 비 씨티드
앉으세요.

Please sit down over here.
플리즈 씻 다운 오버 히어
이쪽에 앉으세요.

Would you like to sit over here?
우드 유 라익 투 씻 오버 히어
이쪽으로 앉으시겠어요?

- 편히 하세요.

Please relax.
플리즈 릴렉스
편하게 계십시오.

Please make yourself comfortable.
플리즈 메익 유어셀프 컴포터블
편히 하세요.

Please make yourself at home.
플리즈 메익 유어셀프 앳 홈
집처럼 편히 계십시오.

Would you like to take off your coat?
우쥬 라익 투 테이크업 유어 코트?
코트를 벗으시겠어요?

My house is your house.
마이 하우스 이즈 유어 하우스
자유롭게 하세요.

If there's anything you need, don't hesitate to ask.
이프 데어즈 애니띵 유 니드 돈 헤지테잇 투 애스크
뭐 필요한 게 있으시면 주저 마시고 말씀하세요.

음료 권유

- 뭐 좀 마시겠어요?

    Would you like something to drink?
    우쥬 라익 썸띵 투 드링크?
    뭐 좀 마시겠습니까?

    Can I get you something to drink?
    캔 아이 겟츄 썸띵 투 드링크?
    뭐 마실 것 좀 갖다 드릴까요?

    Do you want a cup of coffee?
    두 유 원트 어 컵 오브 커피?
    커피 드시겠습니까?

- 좀 마실 수 있을까요?

    May I have a glass of water?
    메이 아이 해브 어 글래스 오브 워러?
    물 한 잔 마실 수 있을까요?

    Can I have something to drink?
    캔 아이 해브 썸띵 투 드링크?
    마실 것 좀 주시겠습니까?

    I'd like a cup of coffee, please.
    아이드 라이크 어 컵 오브 커피 플리즈
    커피 한 잔만 주십시오.

음식 권유

- 어서 드세요.

    Please help yourself.
    플리즈 헬프 유어 셀프
    어서 드십시오.

    Take your time eating.
    테익 유어 타임 이팅
    천천히 드십시오.

- 맛이 어때요?

    How does it taste?
    하우 더즈 잇 테이스트?
    맛이 어떻습니까?

    How would you like the food?
    하우 우쥬 라이크 더 푸드?
    음식이 어땠습니까?

    How would you like the dish?
    하우 우쥬 라이크 더 디쉬?
    음식이 어땠습니까?

    How do you like my spaghetti?
    하우 두 유 라이크 마이 스파게티?
    제가 만든 스파게티가 어떠십니까?

- 좀더 드실래요?

    Do you want some more?
    두 유 원트 썸 모어?
    더 드시겠습니까?

    Would you like some more?
    우쥬 라이크 썸 모어?
    더 드시겠습니까?

Would you care for some more?
우쥬 캐어 포 썸 모어?
더 드시겠습니까?

Help yourself to some more.
헬프 유어셀프 투 썸 모어
좀더 드십시오.

● 충분한가요?

It is enough for you?
잇 이즈 이너프 포 유?
충분히 드셨습니까?

Did you have enough?
디쥬 해브 이너프?
충분히 드셨습니까?

● 배가 불러요.

I've had enough.
아이브 해드 이너프
충분히 먹었습니다.

I'm full.
아임 풀
배가 부릅니다.

돌아갈 시간이 되었을 때

● 많이 늦었네요.

Well, it's getting late.
웰 잇츠 게팅 레이트
저런, 많이 늦었네요.

Is it that late already?
잇 이즈 댓 레이트 올레디?
벌써 시간이 이렇게 됐나요?

The time has come.
더 타임 해즈 컴
시간이 됐군요.

It's time to go.
잇츠 타임 투 고우
가야 할 시간입니다

I hate to eat and run.
아이 해이트 투 잇 앤 런
식사하고 곧바로 가는 건 싫지만.

I don't want to wear out my welcome.
아이 돈 원 투 웨어 아웃 마이 웰컴
오래 눌러앉아 미움받고 싶지 않은데요.

● 가야 해요.

I'm afraid I must be going.
아임 어프레이드 아이 머스트 비 고잉
유감스럽게도 이제 가 봐야겠어요.

I have to leave now.
아이 해브 투 리브 나우
이제 가야만 합니다.

Have to go now.
해브 투 고우 나우
이제 가 봐야겠어요.

Have to move along.
해브 투 무브 어롱
이제 가 봐야겠어요.

I must be on my way.
아이 머스트 비 온 마이 웨이
이제 가 봐야겠어요.

I've got to be going.
아이브 갓 투 비 고잉
이제 가 봐야겠어요.

헤어질 때

- 초대해 주셔서 감사했어요.

    ### Thanks for having me over.
    땡스 포 해빙 미 오버
    불러 주셔서 감사했습니다.

    ### Thank you for inviting me.
    땡큐 포 인바이팅 미
    초대해 주셔서 감사했습니다.

    ### Thank you for a lovely evening.
    땡큐 포 어 러브리 이브닝
    멋진 저녁 감사합니다.

    ### I've had a wonderful time.
    아이브 해드 어 원더플 타임
    멋진 시간 보냈습니다.

    ### This was a delightful evening.
    디스 워즈 어 딜라이트풀 이브닝
    근사한 저녁이었습니다.

    ### Thank you for your hospitality.
    땡큐 포 유어 하스피털리티
    대접해 주셔서 감사합니다.

- 와 주셔서 감사했어요.

    ### It's been our pleasure.
    잇츠 빈 아워 플레져
    저희야말로 즐거웠습니다.

    ### Thanks for coming.
    땡스 포 커밍
    와주셔서 감사했습니다.

    ### Glad you could come.
    글래쥬 쿠드 컴
    와주셔서 감사했습니다.

Thanks for stopping over.
땡스 포 스타핑 오버
와주셔서 감사했습니다.

Thanks for dropping by.
땡스 포 드라핑 바이
들러 주셔서 감사합니다.

- 또 오세요.

Come back soon.
컴 백 쑨
조만간 또 와 주세요.

Come back anytime.
컴 백 애니타임
언제라도 와 주세요.

See you soon.
씨 유 쑨
조만간 또 봐요.

Let's get together soon.
렛츠 겟 투게더 쑨
조만간 모입시다.

- 잊은 물건 없으세요?

Do you have everything?
두 유 해브 에브리띵?
잊은 물건 없으세요?

06 시간과 날짜
Time & Date

시간

● 몇 시예요?

What time is it?
왓 타임 이즈 잇?
몇 시입니까?

What time do you have?
왓 타임 두 유 해브?
몇 시입니까?

Do you have the time?
두 유 해브 더 타임?
몇 시입니까?

Could you tell me what time it is?
쿠쥬 텔 미 왓 타임 이즈 잇?
몇 시인지 말해 주시겠습니까?

Could you please tell me the time?
쿠쥬 플리즈 텔 미 더 타임?
몇 시인지 말해 주시겠습니까?

Could you give me the time?
쿠쥬 기브 미 더 타임?
몇 시인지 말해 주시겠습니까?

- 6시예요.

It's six o'clock.
잇츠 씩스 어클락
6시입니다.

It's six.
잇츠 씩스
정각 6시입니다.

It's just six.
잇츠 져스트 씩스
정각 6시입니다.

It's almost six.
잇츠 올머스트 씩스
거의 6시 다되었습니다.

It's nearly six.
잇츠 니어리 씩스
거의 6시 다되었습니다.

It's already six.
잇츠 올레디 씩스
벌써 6시입니다.

It's about six o'clock.
잇츠 어바웃 씩스 어클락
6시경입니다.

It's around six o'clock.
잇츠 어라운드 씩스 어클락
6시경입니다.

It's just after six o'clock.
잇츠 져스트 애프터 씩스 어클락
6시 막 지났습니다.

It's just past six.
잇츠 져스트 패스트 씩스
6시 막 지났습니다.

- 6시 10분이에요.

    ### It's six ten.
    잇츠 씩스 텐
    6시 10분이에요.

    ### It's ten after six.
    잇츠 텐 애프터 씩스
    6시 10분이에요.

    ### It's ten past six.
    잇츠 텐 패스트 씩스
    6시 10분이에요.

- 6시 15분이에요.

    ### It's six fifteen.
    잇츠 씩스 피브틴
    6시 15분이에요.

    ### It's a quarter past six.
    잇츠 어 쿼터 패스트 씩스
    6시 15분이에요.

- 6시 30분이에요.

    ### It's six thirty.
    잇츠 씩스 써티
    6시 30분이에요.

    ### It's half past six.
    잇츠 하프 패스트 씩스
    6시 반이에요.

- 6시 45분이에요.

    ### It's six forty-five.
    잇츠 씩스 포티 파이브
    6시 45분이에요.

It's a quarter to seven.
잇츠 어 쿼터 투 쎄븐
7시 15분 전이에요.

It's a quarter till seven.
잇츠 어 쿼터 틸 쎄븐
7시 15분 전이에요.

- 6시 50분이에요.

It's six fifty.
잇츠 씩스 피브티
6시 50분이에요.

It's ten minutes to seven.
잇츠 텐 미니츠 투 쎄븐
7시 10분 전이에요.

It's ten to seven.
잇츠 텐 투 쎄븐
7시 10분 전이에요.

요일

- 오늘은 무슨 요일이죠?

What day is it today?
왓 데이 이즈 잇 투데이?
오늘은 무슨 요일입니까?

What day of the week is it?
왓 데이 오브 더 위크 이즈 잇?
오늘은 무슨 요일입니까?

It's Monday.
잇츠 먼데이
월요일입니다.

It's Tuesday.
잇츠 튜즈데이
화요일입니다.

It's Wednesday.
잇츠 웬즈데이
수요일입니다.

I's Thursday.
잇츠 써즈데이
목요일입니다.

Today is Friday.
투데이 이즈 프라이데이
오늘은 금요일입니다.

Today is Saturday.
투데이 이즈 쎄러데이
오늘은 토요일입니다.

Today is Sunday.
투데이 이즈 썬데이
오늘은 일요일입니다.

● 어제는 무슨 요일이었죠?

What day was it yesterday?
왓 데이 워즈 잇 예스터데이?
어제는 무슨 요일이었습니까?

It was Sunday.
잇 워즈 썬데이
일요일이었습니다.

● 내일은 무슨 요일이죠?

What day will it be tomorrow?
왓 데이 윌 잇 비 투머로우?
내일은 무슨 요일입니까?

It will be Tuesday.
잇 윌비 튜즈데이
화요일입니다.

날짜

- 오늘이 며칠이에요?

What is the date?
왓 이즈 더 데이트?
며칠입니까?

What's the date today?
왓츠 더 데이트 투데이?
오늘은 며칠입니까?

What's today's date?
왓츠 투데이즈 데이트?
오늘은 며칠입니까?

Do you know today's date?
두 유 노우 투데이즈 데이트?
오늘이 며칠인지 아세요?

It's the first of January.
잇츠 더 퍼스트 오브 재뉴어리
1월 1일입니다.

It's the second of February.
잇츠 더 쎄컨드 오브 페브러리
2월 2일입니다.

It's the third of March.
잇츠 더 써드 오브 마치
3월 3일입니다.

It's the fourth of April.
잇츠 더 포쓰 오브 애이프릴
4월 4일입니다.

It's the fifth of May.
잇츠 더 피브쓰 오브 메이
5월 5일입니다.

Today is June tenth.
투데이 이즈 준 텐쓰
오늘은 6월 10일입니다.

Today is July eleventh.
투데이 이즈 줄라이 일레븐쓰
오늘은 7월 11일입니다.

Today is August twelfth.
투데이 이즈 어거스트 트웰브쓰
오늘은 8월 12일입니다.

Today is September twentieth.
투데이 이즈 쌥템버 퉤니어쓰
오늘은 9월 20일입니다.

Today is October twenty-first.
투데이 이즈 악토버 퉤니 퍼스트
오늘은 10월 21일입니다.

Today is November thirtieth.
투데이 이즈 노벰버 써티쓰
오늘은 11월 30일입니다.

Today is December thirty-first.
투데이 이즈 디쎔버 써티 퍼스트
오늘은 12월 31일입니다.

● 며칠이었어요?

What day of the month was it yesterday?
왓 데이 오브 더 먼쓰 워즈 잇 예스터데이?
어제는 며칠이었습니까?

It was the thirty-first of December.
잇 워즈 더 써티 퍼스트 오브 더 디쎔버
12월 31일입니다.

What day of the month will it be tomorrow?
왓 데이 오브 더 먼쓰 윌 잇 비 투머로우?
내일은 며칠입니까?

It will be the second of January.
잇 윌 비 더 쎄컨드 오브 재뉴어리?
1월 2일입니다.

She has a lot of books. He bought lots of pencils. I gave her lots of paper. They need a lot of information about birds. He di

many questions? Did he carry much baggage? She has a lot of books. He bought lots of pencils. I gave her lots of paper.

days. He doesn't know many women. Do you have many questions? Did he carry much baggage? She has a lot of books. H

didn't give much homework. I didn't stay for many days. He doesn't know many women. Do you have many questions? Did

birds. He didn't have much time. Your teacher didn't give much homework. I didn't stay for many days. He doesn't know ma

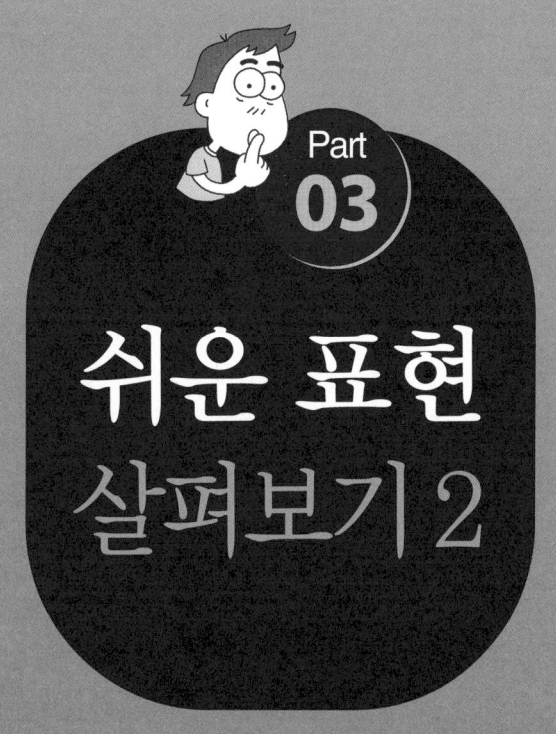

Part 03

쉬운 표현 살펴보기 2

Expression

자기 소개
Self-Introduction

자신을 외국인에게 소개하는 것은 용기가 많이 필요한 일이다. 하지만 외국인과의 대화에서 기본은 자기 소개. 정중하게 말을 걸고 자신이 누구라는 것을 당당하고도 진솔하게 밝히자. 첫인상을 주는 포인트가 되므로 예의 바른 태도를 유지하자. 서양에는 명함을 주고 받는 습관이 없지만, 우리 나라에서 비즈니스상 만난 상대에게라면 이름이 영어로 적힌 명함이 도움이 될 것이다.

사례 1

A : **Excuse me. May I introduce myself?**
익스 큐즈 미 매이 아이 인트러듀스 마이셀프?
실례합니다. 자기 소개를 해도 될까요?

B : **Sure. What's your name?**
슈어 왓츠 유어 네임?
물론이죠? 성함이 어떻게 되십니까?

A : **My name is Kim jung-ho.**
마이 네임 이즈 김 정 호?
제 이름은 김정호입니다.

B : **Where are you from?**
웨어아 유 프럼?
어디에서 오셨는지요?

A : I'm from Korea.
아임 프럼 코리아
한국에서 왔습니다.

B : Glad to meet you. Mr. Kim.
글랫 투 밋츄 미스터 김
만나서 기쁩니다. 미스터 김.

A : Pleased to meet you.
플리즈드 투 밋츄
만나서 기쁩니다.

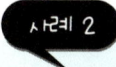

Let me introduce myself. My name is Jinsu Kim.
렛 미 인트러듀스 마이셀프 마이 네임 이즈 진수 김
제 소개를 하겠습니다. 제 이름은 김진수입니다.

Nice to meet you. I am Sam Anderson.
나이스 투 밋츄. 아임 쌤 앤더슨
만나서 반갑습니다. 저는 쌤 앤더슨입니다.

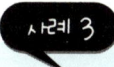

I'm going to be 20 years old on June thenth.
아임 고잉 투 비 투에니 이얼즈 올드 쥰 텐쓰
저는 6월 10일로 20살이 됩니다.

I'm five years older than you.
아임 파이브 이얼즈 올더 댄 유
저는 당신보다 다섯 살 많습니다.

사례 4

How do you describe your own character?
하우 두 유 디스크라이브 유어 오운 캐릭터?
당신은 어떤 성격의 사람이라고 생각하십니까?

I'm a cheerful person. And a little bit talkative.
아임 어 치어풀 퍼슨. 앤드 어 리를 빗 토커티브
저는 쾌활한 타입의 사람입니다. 그리고 조금 말이 많은 편이죠.

참고 표현

- 성격

    I'm very precise.
    아임 베리 프리싸이스
    나는 아주 꼼꼼합니다.

    I'm shy by nature.
    아임 샤이 바이 네이쳐
    나는 천성적으로 수줍음을 잘 탑니다.

    I'm a cheerful person.
    아임 어 치어풀 퍼슨
    나는 쾌활한 타입의 인물입니다.

    I'm more careless than I look.
    아임 모어 케어리스 댄 아이 룩
    나는 보기보다 덜렁대는 성격입니다.

    I get easily tired of everything.
    아이 겟 이즐리 타이어드 오브 에브리띵
    나는 무슨 일에나 금방 싫증을 냅니다.

    I'm a little bit talkative.
    아임 어 리를 빗 토커티브
    나는 조금 말이 많습니다.

I think I'm a person of few words.
아이 띵크 아임 어 퍼슨 오브 퓨 워즈
저는 제 자신이 과묵하다고 생각합니다.

I'm a too active person.
아임 어 투 액티브 퍼슨
저는 지나치게 활동적입니다.

My friends say that I'm very friendly.
마이 프렌즈 쌔이 댓 아임 베리 프렌들리
친구는 나를 친밀감이 있는 성격이라고 합니다.

I can get on well with everybody.
아이 캔 겟 온 웰 위드 에브리바디
나는 누구하고나 잘 지냅니다.

I'm a bungler.
아임 어 벙글러
나는 손재주가 없는 사람입니다.

I can turn my hand to anything.
아이 캔 턴 마이 핸드 투 애니띵
나는 손재주가 있어서 무엇이든 할 수 있습니다.

I'm a laugher.
아임 어 래퍼
나는 잘 웃는 성격입니다.

I have a strong sense of responsibility.
아이 해브 어 스트롱 쎈스 오브 리스판서빌러티
나는 책임감이 강한 사람입니다.

I'm an introvert.
아임 언 인트로버티트
나는 내향적인 성격입니다.

I'm an extrovert.
아임 언 엑스트로버트
저는 외향적인 성격입니다.

I'm very fond of making merry with my friends.
아임 베리 폰드 오브 매이킹 메리 위드 마이 프렌즈
나는 친구들과 떠드는 것을 좋아합니다.

I keep myself neat and clean.
아이 킵 마이셀프 니트 앤 클린
나는 청결을 좋아합니다.

I'm easily moved to tears.
아임 이즐리 무브드 투 티어즈
저는 눈물을 잘 흘리는 편입니다.

I look like a cool realist, but I'm at heart a sentimentalist.
아이 룩 라이크 어 쿨 리얼리스트 밧 아임 앳 하트 어 센티맨탈리스트
나는 보기에는 냉정한 현실주의자이지만, 실제로는 센티멘털리스트입니다.

People say that I have a dark side.
피플 쎄이 댓 아이 해브 어 다크 싸이드
사람들은 내게 음울한 면이 있다고 합니다.

02 타인 소개
Other-Introduction

사람을 소개할 때는 "this is" 다음에 이름을 말하면 된다.

친구를 소개 할 경우라면 굳이 "Mr." 등의 호칭을 붙이지 않아도 된다.

여성과 남성의 경우라면 남성을 먼저 소개하고 나이 차이가 나는 경우라면 어린 사람 쪽을 먼저 소개한다.

"What do you do?"는 직업을 묻는 질문이다.

현재 무엇을 하고 있는가 물을 때는 "What are you doing?"이라고 하면 된다.

사례 1

A : **Ann, this is John Anderson.**
앤, 디스 이즈 잔 앤더슨
앤, 이쪽은 존 앤더슨이야.

B : **Hi, John. I am Ann Miller.**
하이, 잔. 아이 앰 앤 밀러
안녕, 존. 전 앤 밀러에요.

C : **Hi. Nice to meet you.**
하이. 나이스 투 밋츄
안녕하세요. 만나서 반갑습니다.

B : Nice to Meet you, too.
나이스 투 밋츄 투
I'm a president of the electronic company.
아임 어 프레지던트 오브 디 일렉트로닉 컴퍼니
저도 만나서 반갑습니다. 전 전자회사 사장입니다.

Tom, What do you do?
탐, 왓 두 유 두?
톰씨, 하시는 일은 무엇입니까?

A : This is my business card.
디스 이즈 마이 비즈니스 카드
I work in the Domestic Sales Department.
아이 워크 온 더 더메스틱 쎄일즈 디파트먼트
이것은 제 명함입니다. 전 국내 판매부에서 일합니다.

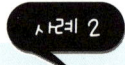

Jack, have you met Susie?
잭, 해브 유 멧 수지?
잭, 수지하고 만난 적 있어요?

I'd like you to meet my friend. This is my friend Susie.
아이드 라이크 유 투 밋 마이 프렌드   디스 이즈 마이 프렌드 수지
제 친구를 소개하고 싶어요. 이쪽은 제 친구 수지에요.

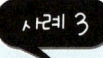

I've heard so much about you.
아이브 허드 쏘우 머치 어바웃 유
당신 얘길 많이 들었어요.

Same here. Mr. Anderson.
쌔임 히어 미스터 앤더슨
저도요. 앤더슨씨.

> 사례 4

Where do you work?
웨어 두 유 워크?
어디에서 근무하십니까?

I work for Hanseo Bank in Seoul.
아이 워크 포 한서 뱅크 인 서울
저는 서울의 한서은행에서 근무합니다.

참고 표현

- 직업

  I'm an office worker.
  아임 언 오피스 워커
  저는 회사원입니다.

  I'm in sales.
  아임 인 쎄일즈
  저는 영업을 합니다.

  I work with children.
  아이 워크 위드 칠드런
  어린이와 관련된 일을 합니다.

  I work for a department store in Seoul.
  아이 워크 포 어 디파트먼트 스토어 인 서울
  저는 서울의 백화점에서 일합니다.

  I'm in charge of a toy section.
  아임 인 차지 오브 어 토이 쌕션
  저는 장난감 구역 담당입니다.

  I work at a computer company.
  아이 워크 앳 어 컴퓨러 컴퍼니
  저는 컴퓨터 회사에서 일합니다.

I'm an employee of a book publisher.
아임 언 임플로이 오브 어 북 퍼블리셔
저는 출판사 고용인입니다.

I'm a government official.
아임 어 거버먼트 오피셜
저는 공무원입니다.

I'm in the export-import business in Busan.
아임 인 디 익스포트 임포트 비즈니스 인 부산
저는 부산에서 수출입 사업을 합니다.

I work for a trading company as a clerk.
아이 워크 포 어 트래이딩 컴퍼니 애즈 어 클럭
저는 사원으로서 무역회사에서 일합니다.

I work as a sales person for a real estate company.
아이 워크 애즈 어 쌔일즈 퍼슨 포 어 리얼 에스테이트 컴퍼니
저는 부동산 회사에서 영업을 하고 있습니다.

I teach English at a high school.
아이 티치 잉글리쉬 앳 어 하이스쿨
저는 고등학교에서 영어를 가르칩니다.

I inherited my father's occupation, and I grow various kinds of vegetables now.
아이 인헤리티드 마이 파더즈 아큐페이션, 앤드 아이 그로우 배리어스 카인즈 오브 어 베지터블 나우
저는 아버지의 일을 물려받아서 현재 많은 종류의 채소를 기르고 있습니다.

I just got a position as an engineer at an automobile company.
아이 저스트 갓 어 포지션 애즈 언 엔지니어 앳 언 오토모빌 컴퍼니
저는 한 자동차 회사에서 기술자로서의 자리를 막 맡았습니다.

I've been working for Hanseo Bank since I finished college.
아이브 빈 워킹 포 한서 뱅크 씬스 아이 피니쉬트 칼리지
저는 대학을 졸업하자마자 한서 은행에서 일을 해왔습니다.

I've been working for a big travel agency for five years.
아이브 빈 워킹 포 어 빅 트레블 애이젼시 포 파이브 이어즈
저는 5년간 큰 여행사에서 근무해 왔습니다.

I have a part time job.
아이 해브 어 팟 타임 잡
저는 시간제 아르바이트를 하고 있습니다.

I work overtime till late at night every day.
아이 워크 오버타임 틸 레이트 앳 나이트 에브리 데이
저는 매일 밤 늦게까지 야근을 합니다.

My company is on a five-day working week.
마이 컴퍼니 이즈 온 어 파이브 데이 워킹 위크
저희 회사는 일주일에 5일을 근무합니다.

I work at a company in Osan
아이 워크 앳 어 컴퍼니 인 오산
저는 오산에 있는 회사에서 일을 합니다.

03 부탁
Asking

다른 사람에게 뭔가 의뢰하거나 부탁하는 경우의 표현으로 정중하게 "Could (Would) you ~?"를 사용하는 경우와 "Please"를 붙이는 경우가 있다. 다만 "Please?"를 사용하는 것은 상대방에게 무언가 해달라고 하는 경우로, 명령을 좀더 부드럽게 하는 정도의 표현이므로 상대방이 누군가에 따라 사용을 주의해야 할 필요가 있다.

사례 1

A : Could you do me a favor?
쿠쥬 두 미 어 페이버?
부탁 하나 들어 주시겠습니까?

B : What is it?
왓 이즈 잇?
무엇입니까?

A : Could you lend me this book?
쿠쥬 유 렌드 미 디스 북?
이 책을 빌려 주실 수 있습니까?

B : Sure, but please return it tomorrow.
슈어, 밧 플리즈 리턴 잇 투머로우
물론이지요, 그렇지만 내일까지 돌려주십시오.

A : Yes, I'll do it. I promise you.
예스, 아일 두 잇. 아이 프라미스 유
네, 그렇게 하겠습니다. 약속하겠습니다.

B : Don't forget!
돈 포겟
잊지 마세요!

사례 2

Help me, please.
헬프 미, 플리즈
부디 도와주세요.

Yes, of course.
예스, 오브코스
네, 물론이죠.

사례 3

Could you give me a hand.
쿠쥬 기브 미 어 핸드
저 좀 도와주시겠습니까?

Sorry, I can't.
쏘리, 아이 캔트
죄송해요. 할 수 없습니다.

사례 4

May I use this?
매이 아이 유즈 디스?
이것을 사용해도 됩니까?

Go ahead.
고우 어헤드
쓰세요.

참고 표현

- 돕겠다고 할 때

    ### May I help you?
    매이 아이 핼프 유?
    도와 드릴까요?

    ### How can I help you?
    하우 캔 아이 핼프 유?
    어떻게 도와 드릴까요?

    ### Do you need any help?
    두 유 니드 애니 헬프?
    도움이 필요한가요?

    ### Is there anything I can do?
    이즈 데어 애니띵 아이 캔 두?
    도와드릴 일이 있나요?

    ### Is there anything I can do for you?
    이즈 데어 애니띵 아이 캔 두 포 유?
    당신을 위해 도와드릴 일이 있나요?

- 도와달라고 할 때

    ### Would you help me?
    우쥬 핼프 미?
    도와주시겠습니까?

    ### Could you give me a hand?
    쿠쥬 기브 미 어 핸드?
    도움을 좀 주시겠습니까?

    ### May I ask a favor of you?
    매이 아이 애스크 어 페이버 오브 유?
    부탁해도 될까요?

Would you do me a favor?
우쥬 두 미 어 패이버?
부탁을 들어 주시겠습니까?

Do you mind if I ask you a favor?
두 유 마인드 이프 아이 애스크 유 어 페이버?
좀 도와주시면 안 될까요?

Would you mind helping me out?
우쥬 마인드 핼핑 미 아웃?
도와주시면 안 될까요?

I wonder if you could help me.
아이 원더 이프 유 쿠드 헬프 미
도와주실 수 있나요?

길 안내
Showing the way

길을 잃었을 때는 "Where is ~?" 문장을 사용하여 장소를 묻는다. 설명하는 말이 길어져도 당황하지 말자. 어차피 방향은 곧장 "Go straight"와 오른쪽 "Turn right at~"과 왼쪽 "Turn left at ~"의 세 가지뿐이다. 지도를 펼쳐 들고 물어서 차근차근 가리키게 하는 것도 좋은 방법이다.

사례 1

A : Excuse me. Where is the station?
익스큐즈 미. 웨어 이즈 더 스테이션
실례합니다. 역이 어디 있나요?

B : Go straight, then turn right at the light.
고우 스트레이트, 덴 턴 롸잇 앳 더 라이트
곧장 가셔서 신호 있는 데서 오른쪽으로 도세요.

A : Okay.
오케이
네.

B : You'll see the station on the left.
유월 씨 더 스테이션 온 더 레프트
왼편에 역이 보일 겁니다.

A : Thank you very much.
땡큐 베리 머치
너무 감사합니다.

B : You're welcome.
유어 웰컴
천만에요.

사례 2

Where can I find a subway station?
웨어 캔 아이 파인드 어 써브웨이 스태이션?
지하철역은 어디에 있습니까?

Go down the street for two blocks.
고우 다운 더 스트릿 포 투 블록스
두 블록 죽 내려가세요.

사례 3

How do I get to the post office?
하우 두 아이 겟 투 더 포스트 오피스?
우체국에 어떻게 하면 갈 수 있습니까?

Sorry, I am a stranger here myself.
쏘리, 아이 앰 어 스트래인져 히어 마이셀프
미안합니다만, 저도 이곳은 처음이라서요.

사례 4

Could you tell me the way to the museum.
쿠드 유 텔 미 더 웨이 투 더 뮤지엄
박물관 가는 길을 알려 주시겠습니까?

Go straight for two blocks
고우 스트레이트 포 투 블록스
두 블록을 곧장 가세요.

참고 표현

● 지도와 건물

bank	은행
city hall	시청
department store	백화점
shopping mall	쇼핑 센터
souvenir shop	선물 가게
gas station	주유소
restaurant	식당
coffee shop	커피 숍
laundromat	동전 세탁소
fitness center	헬스 클럽
restroom	화장실
police station	경찰서
post office	우체국
park	공원
hotel	호텔
hospital	병원
museum	박물관
station	역
taxi stand	택시 승강장
bus stop	버스 정류장
traffic light	교통신호등
pay phone	공중전화
news stand	신문 잡지 가판대

Visitors' Bureau	여행자 안내소
travel agency	여행사
down town	중심가
up town	주택가
first floor	1층
second floor	2층
third floor	3층
fourth floor	4층
basement	지하
street map	거리 지도
Road Atlas	도로 지도
discount coupon guide	할인 쿠폰 가이드
up the street	도로를 따라 올라가다
down the street	도로를 따라 내려가다
turn right(left)	오른쪽(왼쪽)으로 돌다
straight	곧장
go past	지나치다
cross street	길을 가로지르다
in front of the building	그 빌딩의 정면
How far?	얼마나 멉니까?
10 minutes from here by bus.	버스로 10분 거리입니다.
10 minutes walk	걸어서 10분
10 minutes drive	차로 10분

쇼핑
Shopping

점원에게 말을 걸 때의 표현은 "Excuse me."이다.

존댓말과 반말의 차이가 없는 영어를 사용하면서 정중하게 말을 하고 싶으면 "Excuse me."와 "Thank you." 이 두 표현을 적절히 사용하는 것이 중요하다.

"I'll take it."은 물건을 살 때의 표현이다.

'it' 대신에 구체적인 상품을 넣어 활용하면 유용하다.

A : Excuse me. Do you have T-shirts?
익스큐즈 미. 두 유 해브 티셔츠?
실례합니다. 티셔츠 있나요?

B : Yes. They're over here.
예스. 데이아 오버 히어
네. 여기 있습니다.

A : I'll take the blue one in medium.
아일 태이크 더 블루 원 인 미디엄
파란색 미디엄 사이즈로 주세요.

B : Here you are.
히어 유 아
여기 있습니다.

A : How much is it?
하우 머치 이즈 잇
얼마죠?

B : It's eighteen dollars.
잇츠 에이틴 나인티 나인
18달러 입니다.

단어 모음
Words

● 1

excuse	용서하다
may	…해도 좋다, …일지도 모른다
introduce	소개하다
myself	나 자신
sure	물론
glad	기쁜
meet	만나다
pleased	만족스러운
nice	좋은
be going to be~	…이 되려는 참이다
older	더 나이 먹은
describe	묘사하다
own	자신의 독특한 것
character	특성
cheerful	쾌활한
person	사람
bit	소량, 조금
talkative	말이 많은, 이야기하기 좋아하는

● 2

president	대통령, 총재, 사장
electronic	전자의
company	회사
business	사무, 상업
card	카드, 명함
domestic	자국의, 국내의
sales	판매의
department	부문, 부
heard(hear)	(듣다)의 과거분사
work	일

● 3

could(can)	(할 수 있다)의 과거형
favor	호의, 친절
lend	빌려주다, 빌리다
please	기쁘게 하다
return	되돌아가다, 돌려주다
tomorrow	내일
promise	약속
forget	잊다
help	돕다
of course	물론, 당연히
give a hand	돕다
sorry	슬픈, 미안하게 생각하는
use	쓰다
ahead	앞으로
go ahead	(망설이지 않고)진행시키다

● 4

station	역, 정거장
straight	곧은
turn	돌다
right	오른쪽의
light	등불
okay	좋아, 됐어(=O.K.)
left	왼쪽의
subway	지하철
block	건물의 덩어리(한 구획)
post office	우체국
stranger	낯선 사람
here	여기에
way	길
museum	박물관, 미술관

● 5

T-shirts	티셔츠
over	…을 넘어서
take	잡다, 선택하다
one	…의 것
medium	중간, 중간 사이즈의 의상
tax	세금
look for	찾다, 기다리다
perfume	향수
just	단지, 오직
look	보다
show	보여 주다

less	보다 적은
expensive	값비싼
moment	순간
sir	님, 귀하
another	또 하나

●6

menu	식단표, 메뉴
kind	종류
wine	포도주
have	가지다
recommend	추천하다
today	오늘
anything	무엇이든
rice	밥
vegetables	야채
order	주문
get	손에 넣다
some	얼마간의
more	더 많은, 그 위에
right	바로
back	본래 자리

●7

want	원하다
one-way	일방 통행의, 편도의
ticket	표
round-trip	일주 여행의, 왕복 여행의
fare	운임, 요금
non-reserved	지정이 아닌
seat	좌석, 자리
valid	유효한
a week	1주일
trip	(짧은)여행
office	사무소
see	보이다, 보다
need	원하다
first	우선, 첫째로
pay	지불하다

●8

open	열린, 연
trunk	자동차 뒷부분의 짐칸, 여행용 큰 가방
let	…하게 해주다
off	떨어지다, 내리다
keep	남겨두다, 유지하다
change	잔돈
stand	택시 등의 정차장
corner	모퉁이
which	어느 쪽
platform	플랫폼, 승강장

airport	공항
need	필요하다
train	열차, 기차, 전차

● 9

hello	이봐, 여보세요
ask	묻다
speaking	말하기
out	부재중
moment	순간
message	메시지, 전갈
telephone	전화, 전화기
again	다시
later	뒤에, 나중에
wrong	틀린
number	수, 번호

● 10

matter	문제
sore	아픈, 쓰린
throat	목구멍
check	점검, 검사
tonsils	편도선
swollen	부푼
probably	아마
a cold	감기
around	나돌아, (병이)퍼져

well	건강하고
medicine	약
sleep	잠자다
a day	하루
hospital	병원
near	가까이
reservation	예약
consultation	진찰을 받음
feel	느끼다
sick	병의
fell fall	(넘어지다)의 과거
unconscious	의식을 잃은
stomachache	위통, 복통
cut	베다
wound	상처
infected	감염되다
burned burn	(타다)의 과거
ache	아프다, 쑤시다
strained	팽팽한, 긴장한
back	뒷부분, 등
toothache	치통
itches	가렵다

●11

help	돕다
wrong	나쁜
know	알다
wallet	지갑
stolen	훔친
police	경찰
emergency	비상 사태
ambulance	구급차
missing	행방 불명인
report	보고
accident	사고
left leave	(두고 가다)의 과거
someone	어떤 사람, 누군가
took take	(가지고 가다)의 과거
lost	잃은, 헛된
contact	접촉, 연락
embassy	대사관

●12

plan	계획
especially	특히
go out	외출하다, 데이트하다
musical	희가극, 뮤지컬
love to	…하기를 좋아하다
shall	(의문문에서)…할까요?
about	대략, 약

She has a lot of books. He bought lots of pencils. I gave her lots of paper. They need a lot of information about birds. He di
many questions? Did he carry much baggage? She has a lot of books. He bought lots of pencils. I gave her lots of paper.
days. He doesn't know many women. Do you have many questions? Did he carry much baggage?She has a lot of books.
didn't give much homework. I didn't stay for many days. He doesn't know many women. Do you have many questions? Did
birds. He didn't have much time. Your teacher didn't give much homework. I didn't stay for many days. He doesn't know m

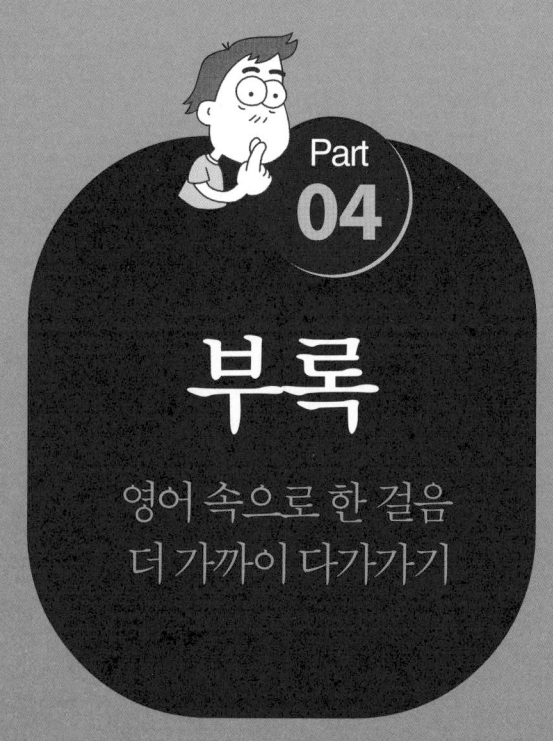

부록

영어 속으로 한 걸음
더 가까이 다가가기

Appendix

01 생활 속에서 배우는 영어 상식

노다지를 탄생시킨 "No Touch!!"

우리나라가 일본에게 나라를 잃고 힘든 시절을 보낸 때가 있었다.
그때 미국사람들이 금광채굴권을 갖고 우리나라에 들어오게 됐다.
미국인들은 우리나라 사람들을 고용하여 금광을 채굴하는 일꾼으로 썼다.
당시 먹을거리를 걱정해야 할 정도로 가난했던 사람들에게 광산에서의 일은 고되기도 하지만 돈을 벌 수 있는 길이기도 했다.
특히 금광을 채굴하다 보면 금도 만지고 금부스러기라도 가질 수 있다는 생각에 많은 사람들이 일꾼으로 일하곤 했다.
광산 책임자인 미국사람들은 혹시 이들이 금을 밖으로 빼나갈까 봐 항상 감시의 눈을 하면서 지켜보았다.
그러다 보니 우리나라 사람들이 금이 있는 곳 가까이 가면 미국사람 입에서 "No, Touch!"라는 외침이 튀어나왔다.
"No, Touch!"는 말 그대로 만지지 말라는 뜻일 것이다.
그런데 영어를 할 줄 모르는 우리나라 사람들에게는 "No, Touch!"라는 말이 무슨 뜻인지는 모르지만 금이 있는 곳 가까이 가면 그런 소리를 듣다가 자연스럽게 그 말이 익숙해지고 따라하게 되었다.
"노타치" "노타치"
이래서 생긴 우리나라 말이 있다.

금광을 발견하거나 큰 행운을 발견했을 때 '노다지'라는 표현을 쓴다.
"No, Touch!"를 자꾸 따라하다가 결국에는 영어가 우리말로 탈바꿈을 한 것이다.

자동차로 미국을 가로질러 달린다면?

명절날 서울에서 지방에 있는 고향에 가려면 많은 사람들이 도로에 쏟아져 나와 평소보다 훨씬 많은 시간을 길에서 보내게 된다.

세계 지도를 보면 우리나라는 정말 작다는 생각이 들면서 미국을 보면 엄청나게 땅이 넓다는 것을 느끼게 된다. 우리가 미국 여행을 한다 해도 아주 일부분만 보고 오는 경우가 많을 것이다.

그러면 미국에서는 장거리여행을 할 때 뭘 타고 가는 걸까.

LA에서 뉴욕에 가려면 외국여행을 하는 기분이 들지 않을까.

미국은 워낙 땅이 넓다 보니까 장거리여행을 위한 교통수단이 많이 발달해 있다.

가장 빠르고 편한 교통수단은 당연히 비행기(airplane)이다. 국내 여행을 할 때 비행기를 가장 많이 이용하는 나라가 바로 땅이 넓은 미국이다.

두 번째로 많이 이용하는 교통수단은 급행열차인데, Amtrak(앰트랙)이라고 한다. 그런데 아무리 기차가 빠르다고는 하지만 워낙 땅이 넓기 때문에 먼 거리를 여행갈 때는 시간이 좀 걸릴 것이다.

세 번째로 우리 나라 사람들에게 많이 알려진 그 유명한 고속버스, Greyhound bus(그레이하운드 버스)도 있다.

여행을 하면 느끼겠지만 놀랍게도 미국에는 서쪽 끝에 있는 LA(Los Angeles)에서 동쪽 끝에 위치한 New York까지 연결된 고속도로가 있다.

만약 자동차로 LA에서 New York까지 여행을 한다면 며칠이 걸릴까?

비키니(Bikini)에 감긴 숨은 뜻

1995년 우리나라 광주에서 광주비엔날레가 열렸다. 비엔날레는 2년마다 열리는 국제미술전을 말한다. 비엔날레를 영어로 표기할 때 bien-nale라고 쓴다.

이제 아래에 제시된 몇 개의 단어를 보고 공통점을 찾아보자.

  biennale (비엔날레)
  bicycle (자전거)
  binocular (쌍안경)
  binary system (2진법)

위에 나열된 단어들의 공통점이 무엇인지 찾았는가?

맞다. 네 개의 단어들이 모두 'bi-'로 시작하고 있다.

그럼 네 개의 단어들이 무슨 뜻인지 살펴보면 'bi-'의 숨은 뜻을 이해하게 될 것이다.

비엔날레는 2년마다 열리는 국제미술전, 자전거는 두 개의 바퀴로 움직인다. 쌍안경도 두 개의 렌즈가 달려 있고, 2진법은 두 개의 숫자로 계산하는 것을 말한다.

이렇게 영어의 'bi-'는 2라는 숫자와 관련이 있다는 것을 알 수 있을 것이다.

그렇다면 'bi-'로 시작하는 단어를 생각해 볼 수 있을 것이다. 여름 바닷가에 피서온 여자들이 입는 수영복 bikini(비키니 수영복)는 어떨까?

비키니 수영복과 숫자 2를 뜻하는 'bi-'의 상관관계는 여러분의 생각에 맡기겠다.

가장 가까우면서도 인정받지 못한 개

예로부터 사람이 지구상에 살면서 가장 가까이 한 동물이 '개'이다. 그러다 보니 개와 관련되어 많은 말들이 생겨났다. 특히 개를 그다지 좋지 않은 일들과 연관지어서 많이 사용하고 있다. '개팔자'라든가, 무의미한 꿈을 꾸었을 때 '개꿈' 꾸었다고 하는 것이라든가, 아주 힘든 인생을 빗대어 '개 같은 인생'이라는 표현을 쓰곤 한다. 이처럼 개(dog)와 관련된 말이 많은데, 공통되는 뜻은 '무언가 좋지 않음'을 나타낼 때 '개'에 빗대어 표현하고 있다.

미국사람들이 사용하는 표현에도 개와 관련된 단어들이 자주 나온다.

dog's life
(개 같은 인생 ⇒ '비참한 삶'이란 뜻)

doggish
(개 같은 ⇒ '기분이 좋지 않은')

dog days
(우리말의 삼복더위처럼 가장 더운 때를 말함)

dogfight
(개싸움 ⇒ 격렬한 싸움, 전투기의 공중전)

doggery
(야비한 행동이나 하층민을 의미)

die like a dog
(개처럼 죽다 ⇒ 비참하게 죽다)

특히 영어속담 중에 개가 등장하는 유명한 속담이 있다.

Every dog has his day!

'아무리 지금의 상황이 나빠도 누구에게나 성공할 수 있는 기회가 온다'라는 뜻이다.

자동차와 관련된 콩글리쉬

이제 사람들에게 없어서는 안 될 것 중의 하나가 우리의 발을 대신해 주는 자동차이다.

자동차를 운전하려면 운전면허를 따야 한다. 사실 운전 하는 사람들 중에 차에 대해 얼마나 알고 있는지 지나가는 사람을 붙잡고 물어보면 운전만 잘 하면 된다고 생각하는 사람들이 꽤 많다는 사실을 발견할 것이다.

미국에서 운전면허(driver's license)를 취득하려면 우리나라처럼 먼저 필기시험에 합격을 해야 한다. 필기시험에 합격해야 다음 코스인 주행시험을 볼 수 있다.

필기시험에 합격하면 바로 주행시험을 볼 수 있는데, 우리나라에서는 지정된 차로 주행시험을 보지만 미국에서는 본인이 자동차를 준비해야 한다. 시험 감독관이 조수석에서 함께 타고 주행하는 동안 시험자의 운전 실력을 평가하게 된다.

면허를 취득하는데 드는 비용도 우리나라보다 훨씬 저렴하다.

그런데 한국인과 같은 외국인(미국입장에서)이 면허시험에 응시할 경우 필기시험이 그렇게 쉽지만은 않다. 무엇보다 문제를 완벽하게 해석해야 풀어나갈 수 있을 텐데, 시험 공부를 하다 보면 우리가 잘못 알고 있는 용어들이 많다는 것을 알게 된다.

예를 들면 차를 움직이는데 기본인 자동차의 핸들(handle)을 미국사람들은 steering wheel(스티어링 휠)이라는 용어로 쓰고 있다. 그리고 주위를 살피기 위해 운전하면서 수시로 보게 되는 자동차의 백미러(back mirror)도 영어에서는 rear-view mirror(리어 뷰 미러)라고 한다.

나 급해. 넘버원(Number One) 보고 올게!

옛날 임금님은 대소변을 어떻게 보았을까?

조선시대 임금님은 대소변을 보는 '매우' 라는 변기통이 따로 있었다. 서랍식으로 생겼는데 일종의 이동식 화장실인 셈이다.

우리가 화장실에 볼 일을 보러 가면 짓궂은 친구들이 '아~ 자연이 나를 부르는구나' 라는 유머러스한 표현을 하기도 하고, 화장실에 갔는데 오래 있다 나오면 '깨달음은 얻었니?' 라고 짓궂은 표현을 쓰곤 한다.

이와 비슷한 표현이 영어에도 있다.

영어에서 대소변을 배설하거나 생리현상을 해결한다는 표현 중에 '자연의 부름에 답하다' (meet one's nature's call)라는 말이 있다.

구체적으로 들어가서

'소변을 보다' 라는 영어 표현은 pass water 혹은 relieve oneself라는 말이 자주 쓰인다. 아이들이 자주 쓰는 pee-pee, wee-wee같은 표현도 있는데, 우리말에서 많이 쓰는 '쉬-이' 라는 말과 같다고 보면 된다다.

배변을 나타낼 때 number one(소변)과 number two(대변)로 표현하는 경우도 자주 있는데, 작은 것이 one이고, 큰 것이 two라니 참으로 재미있는 표현이다.

1달러(dollar)가 얼마지?

친구들과 넓은 세상을 보기 위해 배낭여행을 계획했거나 외국에 공부하러 나갈 기회가 있거나 일 때문에 나가게 된다면 가장 필요한 것 중에 하나가 바로 그 나라 돈, 즉 화폐이다.

우리가 방문하는 나라의 화폐 단위를 잘 모른다면 큰 낭패를 볼 수 있다.

그럼 미국의 화폐 단위는 어떻게 되는지 살펴보자.

미국의 화폐 단위는 기본적으로 달러(Dollar)와 센트(Cent)로 이루어지고, 1dollar는 100cents에 해당된다. dollar(달러)를 속어로 buck(벅)이라고도 하는데 매우 자주 사용되니까 알아두면 훨씬 즐거운 영어가 될 것이다.

동전(coins)

penny (페니) : 1센트   **nickel** (니켈) : 5센트
dime (다임) : 10센트   **quarter** (쿼러) : 25센트

일반적으로 사용되는 지폐의 종류는 1dollar, 5dollar, 10dollar, 20dollar, 50dollar가 있는데, 지폐는 모두 같은 색으로 되어 있기 때문에 계산할 때 주의해서 사용해야 한다.

이 외에도 지폐에는 100달러짜리와 1,000달러짜리도 있지만 일반적으로 사용하기에는 너무 큰 돈이라 거의 사용되지 않는다.

미국에서는 개인수표가 아주 널리 사용되고 있는데 우리나라에서 말하는 수표와는 약간 차이가 있다.

그렇다면 도대체 1dollar가 우리 돈으로 얼마나 될까 궁금할 것이다. 환율은 하루에도 몇 번씩 계속 변한다. 지금 신문을 펼쳐 경제면을 보면 그곳에 환율이 나와 있다.

김치(Kimchi)와 불고기(Bulgogi)

영어 공부를 하다가 모르는 단어가 나와 사전을 찾다 보면 사전에 나와 있지 않은 단어들도 있고, 있어도 영어화된 외국어도 꽤 많다는 것을 알게 된다.

예를 들어 pizza(피자)나 banana(바나나) 같은 음식의 이름들을 영어 사전에서 많이 보게 되는데, 이 단어들은 원래 영어에는 없던 다른 나라 말이다.

우리 나라에도 외래어가 있듯이 영어에서도 많은 단어들이 다른 나라에서 흡수되었다. 다음의 예를 살펴보자.

Banana (바나나) → Arabia (아라비아)
Cocoa (코코아) → Spain (스페인)
Cookie (쿠키) → Netherlands (네덜란드)
Omelette (오믈렛) → France (프랑스)
Pizza (피자) / Spaghetti (스파게티) → Italy (이탈리아)
Yogurt (요구르트) → Turkey (터키)
Tea (차) → China (중국)

위에 있는 음식 이름들은 모두 영어로 흡수되어서 사용되고 있는 단어들이다.

그렇다면 요즘 미국을 비롯한 세계 여러 나라에서 인기를 얻고 있는 우리 나라의 고유한 김치(Kimchi)나 불고기(Bulgogi) 같은 음식 이름들도 머지않아서 영어 사전에 나올 수도 있지 않을까?

플라스틱 수술을 했냐구?

"혹시 플라스틱 수술 하셨어요?"

만약 여러분이 이런 질문을 받는다면 기절 초풍하면서 아니라고 손을 내저을 것이다. 그러면서 어떻게 플라스틱 수술을 하느냐고 되물을 것이다.

그러나 요즘 거리를 걷다보면 플라스틱 수술을 한 여성들이 많이 지나다니는 것을 볼 수 있다.

플라스틱 수술은 바로 '성형수술'을 말한다.

요즘 TV에서 연예인들이 프로그램에 나와 성형수술을 했느니 안했느니 하면서 성형수술에 대한 얘기가 자주 등장하는 것을 볼 수 있다.

아름다움에 대한 생각은 누구나 있을 것이다. 내면의 아름다움이 중요하다고 주장하는 사람들도 있지만, 겉으로 드러나는 아름다움이 자신감을 표현하는 하나의 방법이라고 생각하여 성형수술을 하는 사람들이 많아지고 있다.

한류의 영향으로 우리나라에서 성형수술을 받고 싶어하는 아시아 사람들도 많이 들어오곤 하는 걸 보면 아름다워지고 싶은 생각은 모두 같은 것 같다.

더구나 사회에 진출하는 사회 초년생들에게 면접시 첫인상이 중요하다고 생각하여 성형수술을 받는 사람들도 많아지고 있다.

'플라스틱 수술'에는 영어 단어가 두 개 들어가 있다. 앞에 있는 plastic은 우리가 알고 있는 '합성수지, 플라스틱이란 뜻도 있지만 '유연한, 마음대로 만들 수 있는, 성형의~'라는 의미도 갖고 있다. 그래서 '수술'이라는 surgery와 같이 쓰이면 '성형수술'이 되는 것이다.

그런데 우리가 많이 사용하는 의학용어 중에 팔이나 다리가 부러져서 석고붕대를 감을 때 '깁스'(gips)한다고 하는데, 이것은 독일어이고 영어로는 plastic cast라고 한다.

고소공포증은 곳곳에

친구들과 놀이동산(Amusement Park)에 가서 바이킹을 타본 적이 있을 것이다.

높이 올라갔다가 아래로 쑥 내려갈 때 온몸에서 뭔가가 쑥 빠져나가는 기분을 느끼면서 스릴을 즐기는 사람들이 있다. 괴성을 지르면서 몸 속에 있던 스트레스를 한 방에 날려버리는 기분은 놀이기구를 타본 사람만이 느낄 수 있을 것이다.

그러나 놀이기구는커녕 엘리베이터도 못 타는 사람들이 있다. 높은 데만 올라가면 머리가 어지럽고 속도 울렁거려서 심하면 정신을 못 차릴 정도로 당황하는 사람들이 있다.

그런 증상을 일반적으로 '고소공포증(acrophobia)' 이라고 한다.

이런 증상은 꼭 높은 데 올라가야 느끼는 사람들만 있는 것이 아니다. 물 속에 들어가면 숨이 막히고 몸이 경직되는 경험을 한 사람은 물에 들어가는 것을 매우 무서워하고 싫어하게 되는데, 영어로는 그런 증상을 '공수병(aquaphobia)' 이라고 한다.

그리고 어떤 사람은 혼자 있는 것을 매우 싫어해서 항상 사람들과 함께 있으려고 하는 사람들도 있는데, 이런 증상은 '고독공포증(monopho-bia)' 에 해당된다.

위의 세 단어를 보면 공통점이 있다는 것을 알았을 것이다. 바로 단어 뒤에 '-phobia' 가 붙는다는 것이다. 무서워 하거나 싫어하는 대상 뒤에다 '-phobia' 를 붙이면 '~공포증(혐오증)' 이라는 의미가 된다.

여러분은 무엇을 무서워하고, 싫어하는가? 한번 붙여서 단어를 만들어보자.

오늘은 네덜란드(Dutch)로 가자!

친구들과 식당에 가거나 모임이 있어 저녁을 함께 먹을 때 어떤 친구는 화장실 간다고 하면서 슬며시 나가버리고 어떤 친구는 신발 끈만 묶고 있다 보면 마음 약한 친구가 음식값을 계산하게 되는 경우가 있다.

그래서 식당에 가기 전에 아예 각자 계산하자고 하면서 "오늘은 더치페이(Dutchpay) 하는 거다."라고 서로 약속을 정하게 된다.

바로 영어 표현 중에 'go Dutch' 라는 말이 있다.

go는 여러분들이 아는 것 처럼 '가다' 라는 뜻이고, Dutch는 '네덜란드어, 네덜란드사람, 네덜란드의' 라는 의미를 가지고 있다.

그러면 두 단어를 합성해서 그대로 해석하면 go Dutch는 네덜란드로 가자는 뜻이 된다.

그런데 go Dutch라는 표현은 "(비용을) 각자 부담하다."라는 영어 표현이다.

우리가 자주 사용하는 Dutchpay(더치페이)라는 표현과 같다고 보면 된다. 친구들과 식사를 하거나 했을 때 한 사람이 용기를 내서 사는 경우도 있지만 좀 부담이 될 것이다. 그래서 각자 자신의 몫을 부담하는 것이 바로 'go Dutch' 라는 표현이다.

그런데 왜 네덜란드를 뜻하는 Dutch라는 단어가 들어간 것일까?
이 말은 네덜란드 사람들의 생활 모습을 보고 비유적으로 생긴 말로, 아마 네덜란드 사람들의 자기 성향이 강한 모습이 다른 사람들에게는 인색하게 보여서 이를 빗대어 이런 표현을 쓰게 된 것 같다.

02 영어 단어 속에 담겨 있는 숨겨진 뜻

A Gift of the Gods
재능

고대 그리스인들은 갖가지 자연현상과 인간의 문제를 관장하는 많은 신들이 존재한다고 생각했다. 고대 그리스인들은 남보다 뛰어난 '능력이나 재능'을 소유한 사람은 그러한 능력을 관장하는 신이 그에게 특별히 '선물을 하사한 것'이라고 생각했다.

여기서 유래한 'a gift of the gods'는 신이 주신 '타고난 재능' 혹은 '행운'을 의미한다. 같은 맥락에서 해석할 수 있는 관용구에는 '타고난 말재주'를 뜻하는 'a gift of gab', 'a gift of tongues'가 있다.

April fools' day
만우절

해마다 4월 1일(April 1st)이 되면 만우절이라고 해서 사람들은 장난삼아 거짓말을 하곤 한다. 물론 당하는 사람도 화를 내지 않고 그냥 웃어넘기게 된다.

미국에도 4월 1일을 April fools' day라고 해서 사람들이 악의 없는 거짓말을 하면서 상대를 감쪽같이 속아 넘기곤 한다. fool이라는 말은 '바보, 멍청이' 라는 뜻이고, April은 4월을 뜻한다.

내년 April fools' day에는 어떻게 친구들을 속일까? 장난도 좋지만 119에 장난으로 신고를 한다거나 경찰에 신고해서 수고하시는 분들을 괴롭혀서는 안 된다.

Carrot and Stick
당근 줄까? 아니면 맞아볼래?

여러분들의 선생님이나 부모님들은 위의 문장에 대해서 아마도 끊임없이 고민을 하고 계실 것이다. Carrot and Stick은 상대방을 다룰 때에 회유를 하거나 혹은 협박을 하는 방법을 의미하는 말이다.

여러분들이 말(horse)을 몰고 어딘가를 가고 있을 때 갑자기 말이 말을 듣지 않는다고 생각해 보라. 여러분은 말이 좋아하는 당근을 줘서 말을 듣게 만들든지, 아니면 말에게 채찍을 들어서 어쩔 수 없이 가도록 만들 것인지 선택해야 한다.

Cocktail
칵테일

cocktail은 이른 바 혼합주로, 일정한 recipe(레씨피-100종이 넘는다)에 따라 각종 술을 그릇(cocktail shaker)에 담아 얼음 덩어리를 넣어 흔들어서 cocktail glass에 담아 마시는 것으로 전적으로 미국적 발명품이다. 특히 음식을 먹기 전에 마시는 차고 스마트한 음료를 말하기도 한다.

여러 가지 알콜음료, 과즙, 기타 맛을 가미해 shaker로 잘 흔들어 얼음으로 차게 해서 마시는 것으로 base(베이스)로서는 whisky(위스키), gin(진), brandy(브랜디), cognac(꼬냑) 등을 이용한다. cocktail의 유행은 미국에서 온 것이지만 지금은 전세계적으로 유행하고 있다.

닭털이라는 의미의 cocktail은 미국의 초대 대통령인 조지 워싱턴에게서 유래되었다. 독립전쟁 당시 워싱턴이 인솔하는 작은 군대가 어느 마을에 들러 술을 마시게 되었는데 그 집 주인이 술에다 닭의 깃털을 하나씩 술잔에 떨어뜨려 술을 한꺼번에 많이 마시는 것을 막았다고 한다. 아마 우리나라에서 바가지에 버드나뭇잎을 떨어뜨렸다는 고사와 비슷하다.

doggy bag
개봉지

미국인들은 식당에서 맛있는 음식을 실컷 먹다가 배가 너무 불러서 더 이상 먹을 수가 없을 때 남은 음식을 싸달라고 부탁해서 집에 가져가는 경우가 많다.

바로 집에 있는 개에게 갖다 주기 위해서다. 그래서 식당종업원이 남은 음식을 어떤 봉지에 싸줄 때 그것을 doggy bag(개봉지)이라고 한다. 물론 남은 음식을 싸주는 사람도 전혀 이상하게 생각하지 않고 친절하게 싸준다.

여러분도 집에 개가 있다면 다음에 음식을 남기지 말고 싸오라.

아까운 음식을 버리는 것보다는 개에게 주는 것이 더 낫지 않을까?

Extra
엑스트라

TV 드라마나 영화를 보면 주요 출연배우들 이외에 지나가는 행인들이나 총에 맞아 죽는 군인들, 혹은 사극에 나오는 수많은 신하들처럼 별다른 대사도 없이 자기 역할을 해내는 배우들이 있다. 이런 단역 배우들을 보통 엑스트라(extra)라고 한다.

요즘 인기 있는 배우들 중에도 이러한 엑스트라 시절을 경험한 배우들이 많이 있다고 한다. Extra라는 단어는 「여분의, 임시의, 임시로 고용한 노동자(배우), ~이외의」라는 뜻을 가지고 있다.

hamburger & Hamburg
햄버거와 함부르크

요즘은 맥도날드(Mcdonald's)나 롯데리아(Lotteria), KFC 같은 유명한 패스트푸드점에서 햄버거의 이름을 짓는 일이 많다. 예를 들면 치즈버거(cheese burger)나 라이스버거(rice burger)처럼 말이다.

그러면 햄버거는 햄(ham)을 넣은 버거(burger)일까?

원래 hamburger라는 단어 자체는 ham과 burger로 나누어질 수 없는 '햄버거' 라는 하나의 단어이다. 사람들이 임의대로 그렇게 나누었을 뿐이다.

원래 hamburger라는 단어는 독일의 유명한 함부르크(Hamburg)라는 도시에서 유래되었다. 아마도 영어에 ham(햄)이란 단어가 있기 때문에 사람들이 무심코 단어를 쪼개 사용하는 것 같다.

Hot Potato
다루기 힘들고 귀찮은 것, 뜨거운 감자

신문에서 종종 '뜨거운 감자' 라는 말이 사용되는데, 이는 정치적으로나 사회적으로 문제가 되면서도 이해 관계가 얽혀 당사자들이 서로 이러지도 저러지도 못하는 경우를 표현한다.

감자가 유럽에 처음 소개된 것은 신세계 탐험에 나선 모험가에 의해서이다. 그후, 2세기가 지나면서 감자가 건강은 물론 식욕증진에 도움이 된다는 사실이 밝혀졌고, 곧 유럽사람들의 주식이 되었다. 당시 주된 요리법은 감자를 구워서 먹는 것이었으므로, 감자를 먹으려면 뜨거운 감자가 식을 때까지 기다려야만 했다. 그러나 식을 때까지 기다리지 못하고 꺼내면 너무 뜨거워서 잡고 있을 수도, 그렇다고 땅에 떨어뜨릴 수도 없는 상황이 벌어지고 만다. 여기에서 'any problem too hot to hold and soft to drop' 이란 뜻으로 'Hot Potato' 가 사용되기 시작하였다.

Janus-faced
두 얼굴을 가진, 변덕스러운

야누스(Janus)는 일출, 일몰, 사물의 시작을 관리하던 고대 로마의 신이었다. 그의 주요 임무는 출입문을 관리하던 것이었는데, 평화시에는 로마광장 내에 있는 자신의 사원문을 닫았고, 전시에는 그 문을 열었다고 한다. 우주를 관리하는 신인 야누스에게 하루의 첫 시간, 한 달의 첫 날, 일 년의 첫 달이 바쳐졌으며, 1월을 뜻하는 January도 그의 이름에서 유래되었다고 한다. 야누스는 앞뒤에 각각 다른 모습을 가진 두 개의 얼굴을 가지고 있었다. 그래서 'To be Janus-faced' 는 어떤 사물이나 사람이 두 가지 대조되는 모습을 띠고 있을 때를 묘사할 때 사용되며,

오늘날에는 변덕스러운 사람의 기분이 바뀌는 것을 나타내는 말로도 사용되고 있다.

Sour Grapes
억지부리기

글자 그대로 해석하면 '신포도' 정도로 나타낼 수 있다. 이것은 '너무 시어서 먹을 수가 없는 포도' 라고도 미루어 짐작할 수 있다. 그러나 이 말의 의미는 사람들이 자기가 갖지 못하거나 가질 수 없는 어떤 것에 대해 무시하는 억지를 말한다. 이 말을 보다 잘 이해하기 위해서는 이 말이 나오는 이솝우화(Aesop's fable)를 살펴 볼 필요가 있다.

> A fox came one day into vineyard. He saw plenty of fine ripe grapes. The fox was hungry, so he wanted to eat the grapes. But these grapes were so high that he could not reach them. "These grapes are sure to be very sour." said fox.
> 어느 날 여우가 포도밭에 들어갔다. 여우는 아주 잘 익은 포도송이를 보았다. 여우는 배가 고팠고, 그 포도가 먹고 싶었다. 그러나 포도가 너무 높이 달려 있어서 닿지가 않았다. 그러자 여우는 "이 포도는 무척 실 거야."라고 말했다.

이 우화는 자기가 가질 수 없는 것은 좋아하지 않는다고 말함으로써 자신의 체면을 세우거나 위안을 삼으려는 억지 심리를 잘 보여준다.

Terminator
종결자, 끝을 내는 사람

할리우드(Hollywood)영화의 진수를 보여주었던 영화 Terminator를 알 것이다.

영화 내용에서 지구수비대의 대장 존 코너(John Corner)를 죽이기 위해서 미래에서 지구로 파견된 로봇을 터미네이터(terminator)라고 부르는데, 그럼 이 단어의 의미는 무엇일까? 우리가 기차나 버스의 종착역을 터미널(terminal)이라고 한다. term이라는 말은 라틴어로 경계선, 한계라는 의미를 가지고 있다.

그러니까 터미네이터라는 말은 종결자, 즉 끝을 내는 사람이라는 의미가 된다.

영화 속에서 지구 수비대의 대장을 죽이고 인간과의 전쟁을 끝내기 위해서 미래의 로봇들은 종결자, 즉 terminator를 과거로 보낸 것이다.

요즘은 미국영화뿐만 아니라 우리나라 영화의 제목들도 영어로 된 것들이 많다.

이러한 영어 제목들의 의미를 알아두는 것도 영어 공부의 한 방법이다.

03 bow-wow(의성어-의태어)

■ 동물의 울음소리

dog(개)	bow-wow (바우와우)	멍멍	cow(소)	moo-moo (무우무우)	음매
cat(고양이)	mew-mew (뮤우뮤우)	야옹	duck(오리)	quack-quack	꽥꽥
	meow (미아우)		dove(비둘기)	coo-coo (쿠우쿠우)	구구
cock(닭)	cock-a-doodle-doo (카커두-둘두)	꼬끼오	crow(까마귀)	caw-caw (코-코-)	까닥
암탉 (알을 낳고)	cackle (캐클)	꼬꼬댁	암탉 (병아리를 부르며)	cluck (클럭)	꼬꼬
병아리소리	cheep-cheep (취프-취프)	삐악	송아지소리	bleat (블리트)	음매
염소소리	baa (바아)	음매	돼지소리	grunt (그런트) oink-oink (오잉크-오잉크)	꿀꿀

■ 웃음, 울음, 기타소리

| 생긋(웃다) 하하 히히 낄낄 엉엉 눈물을 흘리며 훌쩍 훌쩍 질질 울다 | smile laugh grin giggle cry weep sob squek | 깡충 깡충 탁구 팡(총소리) 쾅(대포) 스스스 슈슈슈 부르르릉 뚜벅뚜벅(구두) 똑딱(시계) 땡그랑땡그랑(종소리) 철썩 철썩 삐걱 삐걱(새구두) 펄럭(깃발) 우당탕 두드리다(비가 유리창을) | Pop Pop Ping-pong Bang Boom! Boom! Ziz… Sh Sh Sh br-br-br… tip-tap tick-tack clang clang loping squeak fluttering pattering |

04 영어와 우리말

영어와 우리말의 어순을 비교하여 봅시다.
다음은 영어와 우리말의 어순이 서로 거꾸로인 것이다.

좌우	right and left	신사숙녀	ladies and gentlemen
노소	young and old	동서남북	North, South, East and West
수륙	land and water	밤낮	day and night
음식	eat and drink, eatables and drinkables	전후	back and forth
청우	rain or shine	빈부	rich and poor

다음은 영어와 우리말의 어순이 같은 것이다.

좌부모	father and mother	소년소녀	boys and girls

이번에는 상대적인 의미로 이루어진 영어의 머리글자를 알아보자.

연필	H:B	Hard - 단단함 Black - 검정의 농도	세면대	C:H	Cold - 냉수 Hot - 온수
시계	S:F	Slow - 늦추다 Fast - 빠르게 하다	야구	S:B	Strike - 스트라이크 Ball - 볼
라디오	E:A	Earth - 접지선 Antenna - 공중선	내의	L:M:S	Large - 대 Medium - 중 Small - 소

05 혼성어와 줄임말

■ 혼성어

smoke+fog	= smog	스모그(대도시, 공장지대의 연기섞인 안개)
breakfast+lunch	= brunch	아침과 점심을 겸용한 식사
motorist+hotel	= motel	motorists' hotel이라고도 하는 자동차여행자의 숙박소
lion+tiger	= liger	사자와 호랑이 사이에 태어난 잡종
transfer+resistor	= transistor	트랜지스터라디오

■ 줄어든 단어

telephone	phone(전화)	airplane	plane(비행기)
examination	exam(시험)	hippopotamus	hippo(하마)
textbook	text(교과서)	demonstration	demo(시위)
professional	pro(전문가)	microphone	mike(확성기)
miniskirt	mini(짧은 치마)	memorandum	memo(비망록)
grillroom	grill(그릴)	shortstop	short(유격수)
facsimile	fax(팩스, 팩시밀리)	gymnasium	gym(체육관)
hamburger	burger(햄버거)	influenza	flu(독감, 유행성감기)
mathematics	math(수학)		

06 발음하기 어려운 표현

A big black bug bit a big black bear.
큰 검은 벌레가 큰 검은 곰을 물었다.

You two, too must be there from two to two to two past two.
너희들 둘도 2시 2분 전부터 2시 2분까지 거기에 있어야 한다.

I think that that that that that boy used is not right.
(that 순서대로 : 접속사, 저, that, 관계대명사, 저)
나는 저 소년이 사용한 저 that은 옳지 않다고 생각한다.

I sawa saw sawa saw in a saw.
(saw 순서대로 : 과거형, 톱, 톱질하다, 톱, 제재소)
나는 제재소에서 톱이 톱을 톱질하는 것을 보았다.

Can you cana can in a can.
(can 순서대로 : 조동사, 통조림하다, 통조림통, 통조림통)
너는 통조림통에 통조림통을 통조림해 넣을 수 있니?

She shells sea shells on the seashore.
The shells that she sells are seashells I'm sure.
So if she sells seashells on the seashore,
I'm sure that the shells are seashore shells.
그녀는 바닷가에서 조개를 팝니다.
그녀가 파는 조개는 바다조개라고 나는 확신합니다.
그래서 그녀가 바닷가에서 조개를 판다면,
나는 그 조개가 바다조개라고 확신하는 것이지요.

07 여행할 때 알아두면 편리한 영어

1. The travel agent advised us that our trip would be expensive.
   여행사는 우리 여행이 비용이 많이 들 것이라고 알려 주었다.

2. Please keep me advised of your travel plans.
   여행 계획에 변경이 있으면 연락해 주시오.

4. We've got another ten days' journey.
   열흘 더 여행해야 한다.

5. We anticipate much pleasure from our trip to London.
   런던으로의 여행을 크게 기대하고 있다.

6. The trip will cost anywhere from $1,000 to $3,000.
   그 여행은 약 1,000달러에서 3,000달러 들 것이다.

7. They appreciated that space travel was not an impossible dream.
   우주 여행이 불가능한 꿈이 아님을 잘 알고 있었다.

8. As it happened, we were traveling in the South.
   때마침 우리는 남부를 여행 중이었다.

9. On our trip we stopped at Chicago and stayed three days in Ann Arbor.
   여행 중에 우리는 시카고에 들렀으며, 앤아버에 3일 동안 머물렀다.

10. They came out, attired for traveling (the honeymoon).
    그들은 여행[신혼 여행] 차림을 하고 나왔다.

11. He addressed many audiences on his campaign tour.
    그는 이 유세 여행에서 수많은 청중에게 강연을 했다.

12. I want to take a trip around the world before I die.
    죽기 전에 세계 일주 여행을 하고 싶다

13. They lowered the boom on congressional junketing.
    그들은 국회의원의 관비 여행을 호되게 비난했다.

14. We calculated that the trip would cost us $ 500.
    여행 비용을 500달러로 잡았다.

15. The party caravaned through the Sahara.
    일행은 캐러밴을 조직하여 사하라 사막을 여행했다.

16. The convenience of packaged tours increases their sales.
    패키지 여행은 편리해서 매상액이 늘고 있다.

17. Cook's tour
    (안내자가 딸린) 단체 관광 여행.

18. The trip was deferred for a week.
    여행은 1주일 연기되었다.

19. The car developed a squeak on the trip.
    차는 여행 도중에 (고장 등으로) 삐걱거리는 소리를 냈다.

20. He has been to a lot of different places in Europe.
    그는 이제까지 유럽의 여러 나라 곳곳을 여행한 바 있다.

08 여행 준비하기

여권 만들기

　해외여행을 가려면 기본적으로 여권이 필요하다. 여권은 각 행정기관 여권 발급처에서 만들 수 있다. 많은 사람들이 여권을 여행 가기 직전에 만들곤 하는데 여행 일정을 정했다면 미리 여권을 만들어 놓는 것이 좋다. 각 여권 발급처에서는 하루 한계 접수인원을 정해놓고 그 인원까지만 접수를 받기 때문에 해외여행 성수기에는 발급이 늦어질 수 있다. 여권발급 신청을 하는 사람이 아주 많으면 미리 여권과에서 발급신청서를 가져와 작성해 놓고 다음날 접수가 시작되는 오전 8시 이전에 먼저 기다리고 있어야 만들 수 있는 경우가 아주 많다.

여권을 만들기 위해 필요한 것들

- 여권발급 신청서
- 여권사진 2매(6개월이내 촬영한 여권용 사진, 뒷배경이 흰색이며 얼굴 윤곽 보이게 촬영)

꼭 여권용 사진을 준비해야 한다. 사람들이 그냥 증명사진을 가져왔다가 다시 찍어오라고 해서 제대로 된 여권사진을 다시 찍어와야 하는 경우가 종종 있다. 그러니 확실히 준비하자.

- 신분증 원본(주민등록증 또는 운전면허증)

- 병역관계서류(병역의무자에 한함)

전역자의 경우 여권 발급시 신원 조회 때 군필이라는 것이 나오기 때문에 전역자의 경우 따로 병역관계서류를 가져갈 필요는 없다. 하지만 전역예정자라면 꼭 필요하다.

- 만18세 미만(1987년생)의 경우 여권발급동의서(부 또는 모의 인감날인)와 부 또는 모의 인감증명서 필요

일반여권 종류와 비용

유효기간 10년 – 수수료 55,000원 – 만 18세 이상 희망자
유효기간 5년 – 수수료 47,000원 – 만 18세 이상 희망자, 만18세 미만자
유효기간 5년 – 수수료 15,000원 – 만 8세 미만
5년미만 – 수수료 15,000원 – 국외여행 허가대상자, 잔여유효기간부여 재발급
단수여권 1년 – 2만 원 – 1회여행만 가능
기재사항 변경 – 5천 원 – 동반자녀 분리, 사증란 추가(1회)

09 미국비자 정보

1. 일반인

(1) 관광비자(만80세 이상)

❶ 여권(유효기간 6개월 이상)
❷ 사진이 부착된 신청서(DS-1567)
  - 사진 뒷배경은 반드시 하얀색
  - 최근 6개월 이내에 찍은 것
  - 사진 크기는 가로 세로 각 5cm의 정사각형
❸ VISA FEE 100$
❹ 택배 신청서
  - 여권 수취시 부담

(2) 관광비자(만55세 이상 - 80세 미만)

❶ 여권(유효기간 6개월 이상)
❷ 사진이 부착된 신청서(DS-1567)
  - 사진 뒷배경은 반드시 하얀색
  - 최근 6개월 이내에 찍은 것
  - 사진 크기는 가로 세로 각 5cm의 정사각형
❸ VISA FEE 100$
❹ 택배 신청서
  - 여권 수취시 부담

(3) 관광비자(만55세 미만)

❶ 여권(유효기간 6개월 이상)
❷ 사진이 부착된 신청서(DS-1567)
　　- 사진 뒷배경은 반드시 하얀색
　　- 최근 6개월 이내에 찍은 것
　　- 사진 크기는 가로 세로 각 5cm의 정사각형
❸ VISA FEE 100$
❹ 택배 신청서
　　- 여권 수취시 부담
❺ 직업별 구비서류
　• 신청인(배우자)이 직장인인 경우
　　재직증명서 원본
　　갑종근로소득세 원천징수영수증 최근 1년분
　　- 세무회계사 또는 회사 자체 발행
　　　소득금액증명(세무서 발행)
　• 신청인(배우자)이 사업자인 경우
　　사업자등록증명원
　　납세사실증명 최근 1년분(세무서 발행)
　　소득금액증명(세무서 발행)
　• 신청인(배우자)이 농, 축, 수산업 종사자인 경우
　　조합원 증명서(농, 축, 수협에서 발행)
　　추곡수매대장 혹은 경매, 매입, 매출 자료
　　농지원부 및 토지대장
　　- 주 거래 통장, 적금통장, 보험증권 등
　　　재정보증인 서류 가능한 첨부
　• 신청인(배우자)이 종교인인 경우
　　교단(종단)에서 발행한 증명서
　　- 재직증명서, 승적증명서 등

급여명세서 또는 사례비 지급내역서 등
- 주 거래 통장, 적금통장, 보험증권 등
  재정보증인 서류 가능한 첨부
- 신청인이 무직인 경우
  신청인의 경력을 증명할 수 있는 서류
  졸업자(졸업증명서, 성적증명서)
  퇴직자(경력증명서, 소득금액증명 등)
  재정보증인 서류 필히 첨부

❻ 거래통장 복사본
- 주 거래 통장 또는 적금통장, 보험증권 등

❼ 지방세 과세(납세) 증명서 등 재산관련서류

❽ 전문직에 종사하는 경우 자격증 복사본
- 의사면허증, 변호사 자격증 등

❾ 출장 또는 학회 참석을 목적으로 가는 경우
- 출장증명서 또는 학회자료를 첨부

❿ 주민등록등본 또는 호적등본
- 등본상 신청인 혼자만 등재된 경우 호적등본 첨부
- 재정보증인에 대하여
  신청인의 자격이 근무기간 1년 6개월 이상, 연봉 1800만 원 이상이 되지 않는 경우 재정보증인의 서류를 첨부하는 것이 비자발급에 유리하다. 재정보증인은 신청인과의 관계가 삼촌까지이며 구비서류는 위 5번의 직업별 서류와 관계증명을 첨부하면 된다.

(4) 유학비자

❶ 여권(유효기간 6개월 이상)

❷ 사진이 부착된 신청서(DS-1567 + DS-158)
- 사진 뒷배경은 반드시 하얀색
- 최근 6개월 이내에 찍은 것
- 사진 크기는 가로 세로 각 5cm의 정사각형

❸ VISA FEE 100$
❹ 택배 신청서
   - 여권 수취시 부담
❺ 미국 학교에서 받은 I-20 원본
   - I-20의 입학일로부터 90일 이내에만 비자신청 가능
❻ SEVIS FEE 납부 영수증
❼ 이전에 다닌 학교의 졸업증명서와 성적증명서
❽ 직업별 구비서류
   • 신청인(배우자)이 직장인인 경우
     재직증명서 원본
     갑종근로소득세 원천징수영수증 최근 1년분
   - 세무회계사 또는 회사 자체 발행
     소득금액증명(세무서 발행)
   • 신청인(배우자)이 사업자인 경우
     사업자등록증명원
     납세사실증명 최근 1년분(세무서 발행)
     소득금액증명(세무서 발행)
   • 신청인(배우자)이 농, 축, 수산업 종사자인 경우
     조합원 증명서(농, 축, 수협에서 발행)
     추곡수매대장 혹은 경매, 매입, 매출 자료
     농지원부 및 토지대장
   - 주 거래 통장, 적금통장, 보험증권 등
   • 신청인(배우자)이 종교인인 경우
     교단(종단)에서 발행한 증명서
   - 재직증명서, 승적증명서 등
     급여명세서 또는 사례비 지급내역서 등
   - 주 거래 통장, 적금통장, 보험증권 등
   • 신청인이 무직인 경우

신청인의 경력을 증명할 수 있는 서류
졸업자(졸업증명서, 성적증명서)
퇴직자(경력증명서, 소득금액증명 등)
❾ 거래통장 복사본
- 주 거래 통장 또는 적금통장, 보험증권 등
❿ 유학기간 동안 학비와 생활비를 충당할 충분한 자금이 있다는 재정증명
- 재정보증인 서류를 가능한 첨부해서 신청해야 한다.
⓫ 호적등본/주민등록등본을 첨부해야 한다.
- 가족을 동반하는 경우 입학허가서 신청시 가족의 입학허가서를 받아야만 동반비자(F-2) 신청이 가능하다.
- 재정보증인에 대하여
유학비자의 경우 신청인 및 재정보증인의 재정 능력이 비자발급에 가장 중요한 부분이다. 신청인에 재정능력이 충분하다 하더라도 재정보증인 서류를 첨부해서 신청하는 것이 비자발급에 유리하다. 재정보증인은 신청인과 가까울수록 재정보증의 효과가 크다. 그러므로 재정보증인은 가능한 부모님, 가족, 배우자 등 가까운 관계의 사람에 서류를 첨부하는 것이 비자발급에 유리하다. 재정보증인의 자격은 신청인에 유학 경비를 보조할 만한 충분한 재정수입이 있는 사람이어야 하고 그것을 증명하는 세무증명서를 첨부할수 있어야 한다.

(5) 교환방문비자

❶ 여권(유효기간 6개월 이상)
❷ 사진이 부착된 신청서(DS-1567+DS-158)
- 사진 뒷배경은 반드시 하얀색
- 최근 6개월 이내에 찍은 것
- 사진 크기는 가로 세로 각 5cm의 정사각형
❸ VISA FEE 100$

❹ 택배 신청서
　– 여권 수취시 부담
❺ DS-2019(초청기관에서 발행한 양식)
❻ SEVIS FEE 납부 영수증
❼ 미국 체제경비를 충당할 충분한 자금이 있다는 재정증명
　– 본인 서류 또는 재정보증인의 재정서류
　– 보증인을 첨부하는 경우 관계증명
❽ 호적등본/주민등록등본을 첨부해야 합니다.
　– 가족을 동반하는 경우 가족의 DS-2019폼이 있어야만 동반비자(J-2) 신청이 가능하다.
　– 동반가족중에 학생이 있는 경우 재학증명서, 성적증명서(또는 종합생활기록부 사본)를 첨부해야 한다.
❾ 신청인의 현재 직업을 증명하는 서류
　• 직장인인 경우
　　재직증명서 원본
　　갑종근로소득세 원천징수영수증 최근 1년분
　– 세무회계사 또는 회사 자체 발행
　　소득금액증명(세무서 발행)
　• 사업자인 경우
　　사업자등록증명원
　　납세사실증명 최근 1년분(세무서 발행)
　　소득금액증명(세무서 발행)
　• 무직인 경우
　　신청인의 경력을 증명할 수 있는 서류
　　졸업자(졸업증명서, 성적증명서)
　　퇴직자(경력증명서, 소득금액증명 등)
❿ 거래통장 복사본
　– 주 거래 통장 또는 적금통장, 보험증권 등

2. 학생

(1) 관광비자(만14세 이상의 학생)

❶ 여권(유효기간 6개월 이상)
❷ 사진이 부착된 신청서(DS-1567)
  - 사진 뒷배경은 반드시 하얀색
  - 최근 6개월 이내에 찍은 것
  - 사진 크기는 가로 세로 각 5cm의 정사각형
❸ VISA FEE 100$
❹ 택배 신청서
  - 여권 수취시 부담
❺ 재학증명서(휴학증명서)와 성적증명서
❻ 군 휴학중인 학생은 병역에 관한 서류(전역증 등)
❼ 재정보증인의 서류를 첨부해서 신청해야 한다.
❽ 재정보증인과 관계를 증명하는 주민등록등본이나 호적등본

- 재정보증인에 대하여

  학생의 경우 스스로의 재정 능력이 없으므로 재정보증인의 재정 능력을 통해 여행경비를 조달할 수 있다.
  그런 이유로 재정보증인의 재정 능력은 비자발급에 중요한 역할을 한다. 재정보증인은 신청인과 가까울수록 재정보증 효과가 크다.
  그러므로 재정보증인은 부모님, 가족, 배우자 등 신청인과 가까운 사람의 서류를 첨부하는 것이 비자발급에 유리하다.

■ 재정보증인의 서류

1. 직업별 구비서류
   - 직장인인 경우
     재직증명서 원본
     갑종근로소득세 원천징수영수증 최근 1년분

- 세무회계사 또는 회사 자체 발행
　　　　소득금액증명(세무서 발행)
　　• 사업자인 경우
　　　사업자등록증명원
　　　납세사실증명 최근 1년분(세무서 발행)
　　　소득금액증명(세무서 발행)
　　• 농, 축, 수산업 종사자인 경우
　　　조합원 증명서(농, 축, 수협에서 발행)
　　　추곡수매대장 혹은 경매, 매입, 매출 자료
　　　농지원부 및 토지대장
　　　- 주 거래 통장, 적금통장, 보험증권 등
　　• 종교인인 경우
　　　교단에서 발행한 재직증명서
　　　급여명세서 또는 사례비 지급내역서 등
　　　- 주 거래 통장, 적금통장, 보험증권 등
2. 거래통장 복사본
　　- 주 거래하는 은행의 통장, 적금통장, 보험증권 등
3. 지방세 과세(납세) 증명서 등 재산증명서류

(2) 관광비자(만14세 미만) – 부, 모 비자가 있는 경우

❶ 여권(유효기간 6개월 이상)
❷ 사진이 부착된 신청서(DS-1567)
　　- 사진 뒷배경은 반드시 하얀색
　　- 최근 6개월 이내에 찍은 것
　　- 사진 크기는 가로 세로 각 5cm의 정사각형
❸ VISA FEE 100$
❹ 택배 신청서
　　- 여권 수취시 부담
❺ 부 또는 모의 미국비자복사본

❻ 부모님과의 관계를 증명하는 주민등록등본이나 호적등본

(3) 관광비자(만14세 미만 – 부, 모 비자가 없는 경우)
❶ 여권(유효기간 6개월 이상)
❷ 사진이 부착된 신청서(DS-1567)
　　– 사진 뒷배경은 반드시 하얀색
　　– 최근 6개월 이내에 찍은 것
　　– 사진 크기는 가로 세로 각 5cm의 정사각형
❸ VISA FEE 100$
❹ 택배 신청서
　　– 여권 수취시 부담
❺ 재학증명서(휴학증명서)와 성적증명서(종합생활기록부복사본)
❻ 재정보증인의 서류를 첨부해서 신청해야 한다.
❼ 재정보증인과 관계를 증명하는 주민등록등본이나 호적등본

- 재정보증인에 대하여
  학생의 경우 스스로의 재정 능력이 없으므로 재정보증인의 재정 능력을 통해 여행경비를 조달할 수 있다. 그런 이유로 재정보증인의 재정 능력은 비자발급에 중요한 역할을 한다. 재정보증인은 신청인과 가까울수록 재정보증 효과가 크다. 그러므로 재정보증인은 부모님, 가족, 배우자 등 신청인과 가까운 사람의 서류를 첨부하는 것이 비자발급에 유리하다.

■ 재정보증인의 서류

1. 직업별 구비서류
   - 직장인인 경우
     재직증명서 원본
     갑종근로소득세 원천징수영수증 최근 1년분
     – 세무회계사 또는 회사 자체 발행
     　소득금액증명(세무서 발행)

- 사업자인 경우
  사업자등록증명원
  납세사실증명 최근 1년분(세무서 발행)
  소득금액증명(세무서 발행)
- 농, 축, 수산업 종사자인 경우
  조합원 증명서(농, 축, 수협에서 발행)
  추곡수매대장 혹은 경매, 매입, 매출 자료
  농지원부 및 토지대장
  – 주 거래 통장, 적금통장, 보험증권 등
- 종교인인 경우
  교단에서 발행한 재직증명서
  급여명세서 또는 사례비 지급내역서 등
  – 주 거래 통장, 적금통장, 보험증권 등

2. 거래통장 복사본
   – 주 거래하는 은행의 통장, 적금통장, 보험증권 등
3. 지방세 과세(납세) 증명서 등 재산증명서류

(4) 유학비자

❶ 여권(유효기간 6개월 이상)
❷ 사진이 부착된 신청서(DS-1567 + DS-158)
   – 사진 뒷배경은 반드시 하얀색
   – 최근 6개월 이내에 찍은 것
   – 사진 크기는 가로 세로 각 5cm의 정사각형
❸ VISA FEE 100$
❹ 택배 신청서
   – 여권 수취시 부담
❺ 미국 학교에서 받은 I-20 원본
   – I-20의 입학일로부터 90일 이내에만 비자신청 가능

❻ SEVIS FEE 납부 영수증
❼ 재학증명서 및 성적증명서
❽ 재정보증인의 서류를 첨부해서 신청해야 한다.
❾ 재정보증인과 관계를 증명하는 주민등록등본이나 호적등본
- 재정보증인에 대하여
  학생의 경우 스스로의 재정 능력이 없으므로 재정보증인의 재정 능력을 통해 유학경비를 조달할 수 있다. 그런 이유로 재정보증인의 재정 능력은 비자발급에 중요한 역할을 한다. 재정보증인은 신청인과 가까울수록 재정보증 효과가 크다. 그러므로 재정보증인은 부모님, 가족, 배우자 등 신청인과 가까운 사람의 서류를 첨부하는 것이 비자발급에 유리하다.

■ 재정보증인의 서류

1. 직업별 구비서류
  - 직장인인 경우
    재직증명서 원본
    갑종근로소득세 원천징수영수증 최근 1년분
    – 세무회계사 또는 회사 자체 발행
      소득금액증명(세무서 발행)
  - 사업자인 경우
    사업자등록증명원
    납세사실증명 최근 1년분(세무서 발행)
    소득금액증명(세무서 발행)
  - 농, 축, 수산업 종사자인 경우
    조합원 증명서(농, 축, 수협에서 발행)
    추곡수매대장 혹은 경매, 매입, 매출 자료
    농지원부 및 토지대장
    – 주 거래 통장, 적금통장, 보험증권 등
  - 종교인인 경우

교단에서 발행한 재직증명서
　　급여명세서 또는 사례비 지급내역서 등
　－주 거래 통장, 적금통장, 보험증권 등
2. 거래통장 복사본
　－주 거래하는 은행의 통장, 적금통장, 보험증권 등
3. 지방세 과세(납세) 증명서 등 재산증명서류

(5) 교환방문비자

❶ 여권(유효기간 6개월 이상)
❷ 사진이 부착된 신청서(DS-1567 + DS-158)
　　－사진 뒷배경은 반드시 하얀색
　　－최근 6개월 이내에 찍은 것
　　－사진 크기는 가로 세로 각 5cm의 정사각형
❸ VISA FEE 100$
❹ 택배 신청서
　　－여권 수취시 부담
❺ DS-2019(초청기관에서 발행한 양식)
❻ SEVIS FEE 납부 영수증
❼ 미국 체재경비를 충당할 충분한 자금이 있다는 재정증명
　　－재정보증인의 재정서류 및 관계증명
　　• 재정보증인에 대하여
　　학생의 경우 스스로의 재정 능력이 없으므로 재정보증인의 재정 능력을 통해 체류경비를 조달할 수 있다. 그런 이유로 재정보증인의 재정 능력은 비자발급에 중요한 역할을 한다. 재정보증인은 신청인과 가까울수록 재정보증 효과가 크다. 그러므로 재정보증인은 부모님, 가족, 배우자 등 신청인과 가까운 사람의 서류를 첨부하는 것이 비자발급에 유리하다.

■ 재정보증인의 서류

1. 직업별 구비서류

　• 직장인인 경우
　　재직증명서 원본
　　갑종근로소득세 원천징수영수증 최근 1년분

　　– 세무회계사 또는 회사 자체 발행
　　　소득금액증명(세무서 발행)

　• 사업자인 경우
　　사업자등록증명원
　　납세사실증명 최근 1년분(세무서 발행)
　　소득금액증명(세무서 발행)

　• 농, 축, 수산업 종사자인 경우
　　조합원 증명서(농, 축, 수협에서 발행)
　　추곡수매대장 혹은 경매, 매입, 매출 자료
　　농지원부 및 토지대장

　　– 주 거래 통장, 적금통장, 보험증권 등

　• 종교인인 경우
　　교단에서 발행한 재직증명서
　　급여명세서 또는 사례비 지급내역서 등
　　– 주 거래 통장, 적금통장, 보험증권 등

2. 거래통장 복사본
　　– 주 거래하는 은행의 통장, 적금통장, 보험증권 등
3. 지방세 과세(납세) 증명서 등 재산증명서류

3. 인터뷰

(1) 미국대사관 찾아가기

미국대사관은 서울 광화문에 위치하고 있다.(지하철 – 5호선 광화문역 2번 출구)

(2) 대기

대사관에 도착하면 입장하기 위해서는 먼저 줄을 서야 한다. 대기하고 있는 사람이 모두 입장하기 위해서 줄을 서 있는 것이고, 맨 앞줄부터 차례대로 입장한다.

(3) 대사관 입장

본인 차례가 되면 대사관 출입구에 있는 확인 창구에서 여권을 통한 본인 확인을 한 후 입장하게 된다.

(4) 검색대 통과

확인 창구를 지나면 검색대에서는 대사관 입장 금지물품을 확인하여 보관해야 한다.
- 반입금지 물품
  전자제품 : 라디오, 녹음기, 핸드폰, 컴퓨터, 카메라 등
  위험물품 : 칼, 날카로운 물품, 스프레이 등
  반입금지 물품은 검색대에서 물품 보관을 해야 한다. 검색대에서 보관시 물품보관증을 나누어 준다.

(5) 택배용지 작성하기

인터뷰가 끝나고 비자 발급으로 결정되면 여권은 택배를 통해서만 신청인에게 전해진다. 그런 이유로 택배용지를 여권 뒤에 부착한다. 택배는 대사관 지정 택배사로 택배용지가 주어진다.

(6) 대사관 입장 후 절차

택배용지 작성까지 끝나면 정문에 있는 창구로 가서 신청인의 서류를

검토하게 된다.(인터뷰 예약정보, 비자신청서, 택배용지, VISA FEE 등이 정확하게 되었는지 확인)

1층 창구에서 검토 절차가 끝나면 3층으로 이동하여 접수창구에 여권 및 신청서를 접수하면 신청인이 인터뷰 순서를 정한 번호표를 교부하며 번호표 수령 후 지문 인식을 하게 된다.

지문 인식까지 마치면 2층으로 내려와 대기하면 전광판에 본인의 번호가 호출되면 그 호출된 곳에서 영사와 면접을 하게 된다.

(7) 면접

영사와의 면접은 통역관이 있어 한국어로 진행해도 상관없다. 통상적인 면접은 약 3분 이내이고 영사가 간단히 서류검토와 질문을 던진 후 비자 발급여부에 대해서 안내를 해준다.

(8) 인터뷰 종료

인터뷰가 끝나고 출구로 나오면 입장시 보관시킨 물품 찾는 곳이 있다. 물품을 보관한 경우 그곳에서 물품보관표를 제시하여 보관물품을 수령한 후 출구로 나오면 된다.

인터뷰가 끝나고 여권(비자)는 보통 3~5일 뒤 택배를 통해서 배달된다.